收藏四川

SICHUAN COLLECTION

主编 杨光辉

Chief Editor Yang Guanghui

四川科学技术出版社

·成都·

图书在版编目(CIP)数据

收藏四川 / 杨光辉主编. -- 成都:四川科学技术出版社, 2014.11
ISBN 978-7-5364-7934-0

I. ①收… II. ①杨… III. ①收藏－四川省 IV. ①G894

中国版本图书馆CIP数据核字(2014)第153259号

Sichuan Collection
收藏四川

主　　编　杨光辉
责任编辑　周绍传
封面设计　张　林　谢兴伟
版式设计　张　林　郭　霞　徐　杰
封面题字　徐世群
英语翻译　雷建国　刘　沥
摄　　影　张茂林
责任出版　欧晓春
出版发行　四川科学技术出版社
成都市三洞桥路12号·邮政编码610031
成品尺寸　210mmx285mm
印张:24
印　　刷　成都科星印务有限公司
版　　次　2014年11月第1版
印　　次　2014年11月第1次印版
定　　价　680.00元

ISNB 978-7-5364-7934-0

《收藏四川》编审委员会

排名不分先后

主编的话

四川之地，江山多娇，物产丰富,人杰地灵，誉称“天府”。

日月光华，五千年的积淀，留下了穿越时空的“三星堆”“金沙遗址”。人们在钦佩古人的成就时，又在思索这些文物的来龙去脉…… 于是乎，许许多多的人走上了寻宝、爱宝之路，我也一头扎进了收藏爱好者的队伍。时光荏苒，风云变幻，在我成长的岁月里，人们对文物的情怀远没有对解决温饱来得更为迫切。时过境迁，盛世收藏，今天的世人对古董的爱好从趋于淡然到兴趣盎然，逐渐盛行。

梦在前朝。跨越千百年的这些国宝、珍宝，是文明曾经走过的记号。一器一物一书一卷，是一种传承，更是一份怀念。那些伴随着藏品发生的故事，或成谜团、或成悬案，是与国宝一样珍贵的财富。每一件藏品，又蕴藏着经历者的情感人生，汇聚了家国天下的恩义荣辱。有的可惊可叹，有的慨当以慷，汇成一首首悲壮的长歌，道尽澎湃的人生真谛！

让藏品讲述文明的传奇，让今天的老人、新人重新感受一下历史的激情，是我内心的一种情结，也是梦寐已久的一个心愿，总想让它有个舒展的机会。

怀着这样的心愿，2012年我带着收藏团队编辑出版了《收藏成都》。此书一经面世，影响甚大。编辑此书的过程让我明白，任何一件文物或艺术品，对于一个收藏家来说，他所收藏和拥有的时间，只不过是这件古董历史长河中的短短一瞬，这种收藏和拥有，实际上就是对文化的一种保护、一种传承。于是乎，我又萌生了编辑出版《收藏四川》一书之念，想再续一段已有的断层故事。

四川历史文化悠久。古蜀文化、道教文化、三国文化、客家文化汇聚成浓郁的四川文化。民间收藏丰厚，鉴赏成果斐然。为了充分展示四川民间收藏艺术的魅力，我们精选了400余幅具有代表性的图片和部分收藏大家、爱家们平实生动的鉴赏文章，从书法绘画、文玩、古玉、金银铜、杂项、陶瓷六个方面依序展开，打造出一席华美的文化收藏盛宴。让世人通过民间收藏的强大文物阵容，真切感受到几千年积淀的天府之国优秀文化艺术的大美高雅和神奇魅力。让您在把握四川收藏动态的同时，还能深入了解这些艺术的内涵。

“文章千古事，得失寸心知。”本书的编撰过程真是如履薄冰、压力巨大、历尽艰辛。每当面对收集的上万有真、有假、有仿、有赝的藏品时，在辨别真伪的讨论声中，我有过彷徨，甚至想过退缩，但我和收藏团队终于走过来了。特别是在本书的命名上，普遍认为亦是包罗万象，但我认为“收藏”不是泛指古物，它记载的虽是被缅怀的历史物象，但凝结了太多的历史，沉淀了过多的往事，折射出的是四川的古老和博大，就像在阅读一本厚重的历史书。这种阅读，不仅让我们止于疑惑，更会给我们一种动力、一种自信，让我们从历史的角度来理解四川、阐释四川、热爱四川，进而建设好四川……。每每如此，我为自己能在有生之年从事这件善莫大焉之事而感到十分欣慰。

杨光辉

2014年11月于成都

From Chief Editor ——

November. 2014

Sichuan, well known as Tianfu, is a land of abundance and beautiful sceneries.

With more than five thousand years of accumulation of civilization and the essence of the sun and moon, Sanxingdui and Jinsha Sites have gone beyond the time and space barriers, present themselves in front of the whole world. While people admire the successes and achievements of the ancients, they cannot help wondering the ins and outs of these relics. Ever since, many people, me included, embarked on treasure hunt and treasure protection. In the past when I grew up, the need to solve the problems of food and clothing is far more urgent than appreciations for cultural relics. However, with the passage of time, presently, public favor for antique has changed from indifference to the immense interest.

When dreaming of the bygone dynasties, these national treasures of hundreds of years are historic signs of civilization. Whether it is a ware, a decoration, a book or a scroll, it is kind of memory and tradition as well. And those stories hidden behind the collections, whether they remain mysteries or unsettled law cases, are as precious as national treasures. These collections bear the emotional experiences of people and gratitude, brotherhood, honor and humiliation of homeland, some of which are amazing while some are vehement like solemn and stirring long songs full of meanings of life.

It has been my long cherished wish as well as an innate complex in my mind that collections can unfold the legend of civilization so that my dream will come true, and the elderly and the youth can re-experience the passion of history as well.

With this wish, I, along with my collection team, edited and published *The Collections of Chengdu* in 2012, which rose to great impact once published. During the editing process of the book, I came to realize that for a collector, the collection and possession of any cultural relic or work of art is just a drop in the bucket in the long history of the antique. Nevertheless, this collection and possession is actually a kind of cultural heritage and a kind of cultural protection. Therefore, such an idea came into my mind that I should edit and publish *Sichuan Collection* for a second time to renew some existing fault stories.

Sichuan is such a place with the glories, talented people and the typical culture of Sichuan converged by ancient Shu culture, Taoism culture, culture of Three Kingdoms and Hakka culture. And as for the massive private collections, the appreciation of achievements turn out to be impressive. In order to fully display the charm of Sichuan folk art collections and present a magnificent cultural collection feast, more than 400 pieces of representative pictures and some vivid articles of appreciation are selected by famous collectors or amateurs, covering six aspects of calligraphy and paintings, an cient jade gold sitver and copper, miscellaneous items, cultural relics and antique and ceramics. We can experience the beauty, elegance and magical charm of outstanding Sichuan cultural and artistic heritage of thousands of years from the museum collections and private collections. We not only grasp the dynamics of Sichuan collections, but also understand the meanings behind these arts.

As the saying goes, "An article lasts for thousands of years, but only the author underwent all the gains and losses". Although the process of compiling this book is full of hardships under much pressure with great attention, especially, we are faced with tens of thousands collections, which could be authentic ones, fake ones, replicas or forgeries. I was once at a loss even about to flinch when facing with the discussions to identify the authentic from the fake. Somehow, we got it through finally. Particularly in book naming, it is also generally considered all-inclusive. Nevertheless, I think the word "collection" refers to not only antiquities, but also too much history and too many past events behind the historical images, which is a thick history book reflecting the profound ancient Sichuan. And it exempts us from doubts, gives us strength and confidence, so that we come to understand Sichuan, interpret it and construct it from a historical perspective. Now and then, I feel relieved that these national treasures can be demonstrated by us in my remaining years of life, full of kindness and pleasantness in mind.

Yang Guanghui
ChengDu

目录
CATALOGUE

第一章

书法绘画

Chapter One • Calligraphy and Paintings

四川近代美术流源

On the Source of Sichuan Contemporary Fine Arts

文 Text__魏学峰 Wei Xuefeng

天府之国四川，人杰地灵、天宝物华。四川各族人民在几千年文明史发展进程中，谱写了许多壮丽的诗篇，留下了极其宝贵的精神财富。三星堆出土的商代青铜立人及青铜人头像，改写了我国远古无独立人像雕塑的历史，引起人们对东方艺术的重新评价；四川汉代画像砖以简朴、雄浑、奔放有力的艺术风格，展示了奋发向上、满怀自豪感以及赋予浪漫主义色彩的时代精神。我国伟大诗人李白自称蜀人，在故里二十年间创作了大量充满激情的咏蜀诗篇。一代诗圣杜甫，在流寓四川的十年中所留下的灿烂诗篇，占他整个创作近一半。唐代安史之乱后，当时大批书画名家相继来蜀避乱，韦偃、王宰、赵公、孙位、腾昌、贯休等代表了当时各种绘画流派的最高水平。在他们的直接影响下，四川绘画有了突破性发展。唐宋的四川成为全国绘画最兴盛的地区。宋人李之纯说："举天下言唐画者，莫如成都之多。"李畋《益州名画录序》说："盖益州多名画，富视他郡。"在后蜀，图画院集中了以黄荃为首的一批丹青高手。宋代四川又诞生了大诗人、大书法家苏东坡、文人画大家文同……。我们曾经有过昔日的辉煌，但自明清以后，四川的艺术渐渐走向衰微。20世纪的四川美术，在巨大的社会震荡中经历了艰辛的蹉跎、进取，终于在内外文化交流的激发下，取得了新的发展。回顾我们走过的足迹，追忆那些已经逝去的前辈，重新审视和思考他们的历史选择和被选择，应是现代美术史的课题之一。

从甲午战争以后，四川的社会经济发生了深刻的变化，封建自然经济开始解体，资本主义经济萌芽。到了民国初年，新文化运动在四川思想界掀起了一场大波，而书画艺术面临旧文化的解体仍在继续，新文化的传播和建设在曲折中前进。当时的书画艺术基本上还是清代风气的延续，活跃在艺坛的多为清朝遗老和社会贤达。"五老七贤"博通诗、书、画，他们虽然没能开一代风气，却担负起了传统继承者的角色。一代诗翁、四川大学教授林思进（字山腴）书从明人出，灵秀劲健，自成一格；被孙中山先生誉为"蔚为儒宗"的四川大学文学院长向楚是位文人书法家，其书简淡俊逸，与其诗风气相通。在四川近代政坛的风云人物中也不乏书坛圣手，他们将对于时代风云变幻的感受注入笔端，产生了一系列精彩之作。辛亥保路运动的骨干颜楷浸淫魏碑，其书古质雄强，气势豪宕；曾任四川省省长、孙中山大本营秘书长等要职的民主革命家杨庶堪（字沧白）诗书双绝，于右任先生曾赞曰："开国有诗人，沧白杨夫子。"他的书法秀丽遒劲、风韵潇洒，被誉为"有晋唐遗韵，近三百年莫能及也"；同盟会元老公孙长子（余切）多次在四川、山西等地领导发动反清起义和护国、护法战争,他的书法尤长于"双钩"、"飞白"，为著名书家余夔阳赞不绝口，称为"举世无双"。无论是社会名流，还是硕儒雅士，由于他们的特殊影响，在推动本世纪初的书画发展中起到了积极的作用。他们多不是以书法著名，与专业的书法家相比，显然没有在艺术思想和创作上的系统性和目的化，开拓的意识也不甚强烈。20世纪上半叶，四川真正能位列全国一流大家的只有赵熙、谢沉（字无量）、刘孟伉和画坛巨匠张大千。赵熙为前清进士，曾任国史馆纂修、御史，他支持维新变法，辛亥革命后，潜心诗文书画，不再出仕。国学大师梁启超曾从之学诗，其门人郭沫若、向楚等皆为艺林翘楚。赵熙的书法初出于颜、赵，后融合六朝。遒秀朴厚，潇洒绝俗，一时风从。他也偶做水墨，疏落清雅，有云林之气，谢无量先生是近代著名学者、诗人和书法家。他早年与邵力子、李叔同、黄炎培有同窗之谊，后又结识章太炎、章士钊等人，出任多所大学的教授和文学院长，著作等身。他的书法上溯魏晋之雅健，下启一代之雄风，轩昂超脱，奇丽清新，被于右任先生誉为当代第一。此外包弼臣、蒲伯英、陈楚帆等都是名重一时的书法家，唯他们的艺术活动多在蜀中，其影响则未能远播。

清末民初，从整个美术领域来看，都是每况愈下。康有为在《万木草堂藏画目》中深有感慨："中国画学至国朝而衰弊极矣，岂止衰弊，至今群邑无闻画人者。其遗余二三名宿，摹写四王、二石之糟粕，枯笔如草，味同嚼蜡，岂复能传后，以与今欧美、日本竞胜哉。"康有为的观点虽不尽全面，但反映出当时文化人的深深忧虑。所幸的是五四运动提出的革新思想，为中国美术提供了新的历史选择。当时身处在文化中心的画家们从理论和实践两个方面试图解决写实造型与笔墨的矛盾，解决西来经验与民族传统的矛盾。对于20世纪初这场激烈的文化论争，四川画家并无太大回应，在审美观念上，也没有出现明显的转变。当时四川的绘画远不及书法,职业画家也寥寥无几。到了近代，随着中国社会经济的变化，沿海大城市形成，艺术中心集中在上海、广州和北京等地。以吴昌硕为代表的海派，以高剑父、高奇峰、陈树人为代表的岭南派，以及聚集在北京的林琴南、陈师曾、王梦白、金城、周肇祥等人，成为20世纪初画坛最有代表性的人物，而且形成有组织、有追求的画家集群。上海的海上题襟馆金石书画会和豫园书画会、北京的湖社和中国画研究会都是有相当规模的书画组织。四川当时处在文化重建的艰难困境中，虽然没有文化中心那种格局，但还是不乏开拓之功。1931年，易均室先生创办《艺甄》。1933年，向楚等人创办了成都最早的书画团体——蓉社。美术教育这时开始起步。1930年，冯建吴、段虚谷在成都创办东方美术专科学校，主办美术刊物《太阳在东方》，并开办浣花草堂书画社。以后南虹艺专、岷云艺专也相继创办。四川早期的美术活动不但在时间上滞后于几个文化中心地区，在规模和实力上也难以相比。但四川毕竟是一个有很深历史积淀的地方，川人在汲取自然乡土的灵气，走向文化中心地带后，便产生出领一代风骚的大家。张善孖、张大千昆仲以及蒋兆和、郑诵先先生都是典型例证，俗语云“川人走出夔门便是龙”，真是不虚。内江张大千先生是中国现代画坛最具影响力的大师。他青年时代负笈东瀛，以后足迹遍布大半个中国，上世纪30年代即有“南张北溥”之誉。中年时代又回到四川，在青城山隐居近三年，筑亭植梅，家乡山水苍翠凝碧，给了他取之不尽的创作源泉，巴山蜀水成为大师终身为之赋彩的题材，垂幕之年他还发出“五洲行遍犹寻胜，万里迟归总恋乡”的慨叹。大千先生一生致力于传统绘画艺术的整理、发掘、革新和发展，他全面继承了古代丰厚的民族文化遗产，同时又吸纳了世界当代艺术之长，在笔墨语言、意境上拓展了一个新的境界，大千先生是传统艺术的捍卫者，同时又是冲刺到革新中国画最前面的巨匠。内江蒋兆和先生青年时代去到上海、南京从事美术教育工作。1936年他又回到家乡，在重庆半年多作画数十，创作了《朱门酒肉臭》《算命》等佳作，成为走在现实主义道路上的一位杰出的“无声诗人”，以《流民图》为代表的一系列作品，让人“品尝着一碗苦茶”去听“人生的交响音乐。”兆和先生以一生的勤勉完成了徐悲鸿水墨人物画的变革事业，在水墨人物画史上具有开拓之功。上世纪30年代，黄宾虹、齐白石两位大师入川传道，有力地推动了四川现代美术的发展。1932年，年近古稀的黄宾虹先生来蜀中半载，后有《入蜀记游》，并以倪、黄笔得稿千幅。他在青城写生发现夜山之美。“宵深月下，层峦更奇。”这种发现开拓了他的艺术天地，为“浑厚华滋”的艺术风格的确立奠定了基础，宾翁自觉参与新文化重建并为社会变革承担道义，将社会及思想学术界的变革要求和自己对民族生存的一腔忧患和激情带进了绘画艺术的思索和探索之中。齐白石先生于1936年来川，白石老人不仅是诗、书、画、印俱精的全才，更为可贵的是其作品具有质朴纯真的农民情感和浓厚的人道主义精神，使文人画笔墨形式产生了活泼的生命力和刚健清新的特色。齐、黄两位大师从传统自身求变革，将传统绘画向前推进了一步。他们的先导作用，影响了四川几代艺术家。川中陈子庄、姚石倩、余中英等人毕生追慕大师的精神而终有所成。齐、黄两位大师可以说是四川书画由传统向现代过渡的引路人和播种者。

四川现代美术发展的第二个时期是抗战到建国前，1938年国民政府迁移重庆。全国一百多所大、中学以及一些文化机构先后入川。各地沦陷区的文艺界人士也随之大批涌入四川，这里成为大后方文化中心。如此浩大而精粹的艺术队伍被特定的历史牵引到了西南一隅，这不仅在巴蜀文化史上不曾有过，在几千年的中国文化史上也是绝无仅有的。四川美术发展的历史因此而揭开了辉煌的一页。郭沫若先生作为抗战文艺的巨匠和先锋，在戏剧、诗歌、历史、考古、书法诸方面尽显出一代文豪的风采。此外，徐悲鸿、傅抱石、关山月、黄君璧、谢稚柳、林风眠、潘天寿、于右任、沈尹默、关良、祝嘉、吕凤子、董寿平、常书鸿等人先后来到四川，因战争而沉寂的画坛出现了一股新的激流。在美术教育方面，1937年吕凤子先生在四川璧山县重建正则职业学校（设美术科）。同年，以唐义精为校长的武昌美术专科学校迁至江津。1938年，四川艺术专科学校在成都创建，李有行、沈福文、雷圭元、庞熏琴等知名教授主持教学。1942年，徐悲鸿利用庚子赔款中英文教基金会提供的资助，在重庆磐溪创办中国美术学院，1943年，国立北平艺专与杭州艺专在重庆磐溪合并成国立艺专。此外，马一浮先生在乐山兴办复兴书院，闻一多先生在西南联大、胡小石先生在金陵大学开办艺术讲座。这些学校为四川的艺术青年提供了广阔的天地，李斛、苏葆桢等就是在这样的环境下成长的。

抗战时，四川也出现了众多的美术团体，团结了省内外的艺术家。各种流派，各种风格尽展于斯。上世纪30年代创立的蓉社扩展为蜀艺社，结纳了更多的书画家，乔大壮、曾邵杰、谢梅奴在重庆组建了巴人印社。1943年，在重庆中央图书馆又成立了有史以来的第一个全国性书法组织——中国书学会，发起人为于右任、沈尹默、潘伯鹰、沈子善、张宗祥、商承祚等人。他们以“阐扬中国书家，推进书法教育”为宗旨，创办《书学》杂志，联系了马衡、胡小石、宗白华、顾颉刚等各个领域内的专家，从多视角来研究书法艺术。当时的艺术活动非常频繁，很多是为抗战募捐。仅重庆一地，1942年各类书画展就有130次，平均不到三天一次。成都也几乎每周都有书画展，四川人随时有机会看到第一流的画展。四川的一批书画家也在这样的文化大环境中脱颖而出。山水画家江梵众、冯灌父、伍瘦梅、周抡园、吴一峰,花鸟画家刘既明、姚石倩、阎松父,人物画家施孝长以及书法家余中英、刘东父等，他们或办个展，或与外来的书画家联展，在交流和切磋中提升了自己的艺术品。可惜的是，四川的书画家并没有真正冲到这场文化大浪之巅，仍然保持着一种闲雅的文人情调。这大概又是幸中的不幸。随着抗战的结束，这段丰富而特殊的艺术史也就此定格。在这个阶段，有一位传奇式的人物不能忘记，他就是诗人、书法家同时又是革命者的刘孟伉先生。他深研文史，真、草、隶、篆无所不精，篆刻更堪称近代高手，不平凡的人生历程铸就了他特殊的性格和艺术风格，其诗书如其人，雄健宕逸，生意盎然，在现代中国书坛独树一帜。由于特殊原因，直到建国以后，他的书艺才为更多的人所认识。

四川美术发展的第三个时期是建国后至20世纪80年代初。这一时期，美术活动的中坚力量，仍是从民国过来的书法家，活动主要集中的地方除美协外，重庆四川美院的冯建吴、钟道泉、毕晋吉诸先生都加入到新中国美术创作的队伍中。建国后几度掀起对中国画否定的波澜，对四川波及却不大，美院的教育仍在尊重传统的纯正道路上向前发展。另外，在四川省文史研究馆里汇聚了四川文化界的耆宿，书画家刘既明、姚石倩、施孝长、余中英、刘东父、冯灌父、张霞村、梁伯言、陈子庄等。他们打破旧的观念和门户之见，而成为艺术上的同道。在当时的历史条件下，有关部门最大限度地调动了这批经历了两种社会制度，甚至清朝过来的老先生的创作积极性。不少人在艺术语言和绘画题材上有新的突破。馆长刘孟伉先生经常与这批书画家去踏青吟哦，在成都杜甫草堂、望江楼、新都桂湖、眉山三苏祠都留下了不少墨宝，这种雅集最后因“文革”的到来而被冲散。这个时期出现了两位画坛奇人，他们在常人难以想象的艰难环境和人生痛苦中，玉成了自己的艺术，他们就是石鲁和陈子庄先生。这是继大千先生以后，四川近代所产生的两位有国际影响的大画家。石鲁早年就读于其兄冯建吴创办的东方艺专，后奔赴延安。上世纪50年代，他与赵望云等人开创“长安画派”。“文革”中，他从一个生活的歌者被迫害致疯，其作品倾向的转变也不可避免。他手中的笔成为和人生命运抗争的武器。从变形的形象中，刀劈斧砍的线条中，我们看到画家发自心灵深处的呐喊。石鲁的艺术个性狂放、热烈。他追求自然、历史与人的整体意识的谐和，进一步把山水做为英雄主义的人格象征。这种天人合一的观念的现代表现，是现代的山水画审美意向的重要转变。客观地讲，石鲁艺术的完善过程并不在四川，但四川是他艺术起步的地方，应该说他是川人的骄傲。有人说，如果没有晚年的不幸，他最有可能成为20世纪中国画的大师。陈子庄（号石壶）早在20世纪30年代就开始艺术创作，60年代初，就在重庆、成都举办个展，但其艺术的成熟还是“文革”中后期，他声誉鹊起，艺术被人肯定，则是他下世以后的事了。陈子庄先生长期出没乡村山野，徜徉于松间明月。他的作品既自然平淡，又具民间淳朴气，是真正意义上的乡土画家。陈子庄先生以四川的田园小景为画题。把平凡的乡野生活表现得十分动人。其清新隽永的画格和现代超脱性特质，在20世纪后半期的中国几乎是绝无仅有的。陈子庄先生以笔墨做语汇，以简近为时尚，他最大限度地使心灵与外物契合，把具体的技法统一于宇宙人生的大法，不但得山川大势之妙，而且获得创作的最大自由。石鲁的孤愤、石壶的孤寂，以两条不同的路径通向艺术的高峰，也为风雨凄迷的“文革”十年美术发展历史留下了两座不灭灯塔。

20世纪80年代以后，随着改革开放，书画艺术在全国形成了前所未有的高潮，经历民国的一批老艺术家重新唤回了自己的青春。冯建吴先生在长安画派精神的感召下，由古法古意转向新情新意，嘉州画派的主盟李琼久在泼墨泼彩中拓展出新乡土风情画。老画家吴一峰、吕林、朱佩君、黄稚荃等创作热情不减当年，而社会也给予他们较大关注。在这种良好的艺术氛围中，两位几十年深居简出的“大器晚成”的艺术家被“发掘”了出来。诗书画兼擅的孙竹篱先生抗战时入川，一直独处四川一个偏僻的县城。他的大写意花鸟遒健朴雅，逸趣横生。草书名家陈无垢先生身居都市，但一直默默无闻地耕于砚田，直到上世纪80年代，他状如流云的草书频频出现在国内外大展时，更多的人才认识这位“蜀中高手”。在新时期四川书画界，徐无闻教授是尤值一提的。他从1987年开始招取书法篆刻专业的研究生，这在西南地区是独一无二的。这位在古典文学、文字文学上有着极深造诣的书法家，用自己最后的生命之火，为莘莘学子照亮艺术道路。

应该说，自上世纪80年代以来，经过此前数十年的实力积聚，四川书画艺术才真正在更为广阔的层面上走向全国。特别是在沉寂的年代倾情艺术的一批中青年书画家开始在全国崭露头角，并逐渐形成了自己的艺术风格。张士莹以传统线条加印象派的色彩，丰富了大写意花鸟的意境；彭先城在汉唐的陶俑、壁画、画像砖中找到了古雅之韵，让人们与他一起去静听远古文明的回响……在这一画家集群中，充分显现出四川山水赋予艺术家的灵气和艺术家自身探索的勇气。

在新的世纪中，中华民族的文化艺术无疑将以自身强大的凝聚力与涵化性面临新的历史机遇，并依其内在规律得到更大的发展与提高。自立于世界文化之林。我们从四川近百年美术发展史中可以得到很多启示，但其中最重要的一点则是：我们必须在新的历史条件下，更加敞开心怀，立足本土而放眼全国与世界，在更积极的对外交流中，促进巴蜀书画艺术进一步的繁荣、发展、提高。历史的经验是值得借鉴的：四川文化艺术在早期蜀文化—巴蜀文化时期，其特征优势即在于综合、交流、融汇。而美术创作、研究的两个发展高峰期（唐安史之乱、现代抗战时期）也是由于特殊政治原因造成全国文艺精英力量在四川的会聚，文化交流高度密集与深入从而形成的。四川近百年成就最为卓越的美术家们，也是因为“出川”而带来他们与国内外艺术、学术界的积极碰撞、交流从而取得成功的。与此同时，我们还应该看到，四川文化艺术的历史发展，相对较少的受到来自“洋”的影响，从而更为本真地保留着中华民族优秀文化传统的素质，这又是我们交流和发展的可贵的基础。如何在交流、碰撞的同时发扬它、丰富它、升华它，从而产生新的创造，这又是历史赋予我们的责任。

我们相信，四川有志气，有才能的画家、书法家将在总结历史，尤其是近百年史的基础上，在新的世纪中实现新的超越。

魏学峰
首席专家
四川省博物院副院长

［现代］**徐悲鸿 六骏图** 长190cm 高98cm
Painting of Six Horses by Xu Beihong from the Modern Times
Size:length 190cm Height 98cm

仲光先生指正
天馬徠從西域陟流沙九夷服
壬午深秋悲鴻寫于渝州

［现代］**张大千 临摹敦煌壁画南无观世音菩萨** 长85cm 高212.5cm

Copies of Dunhuang Frescoes Namo Bodhisattva by Zhang Daqian from the Modern Times

Size:Length 85cm Height 212.5cm

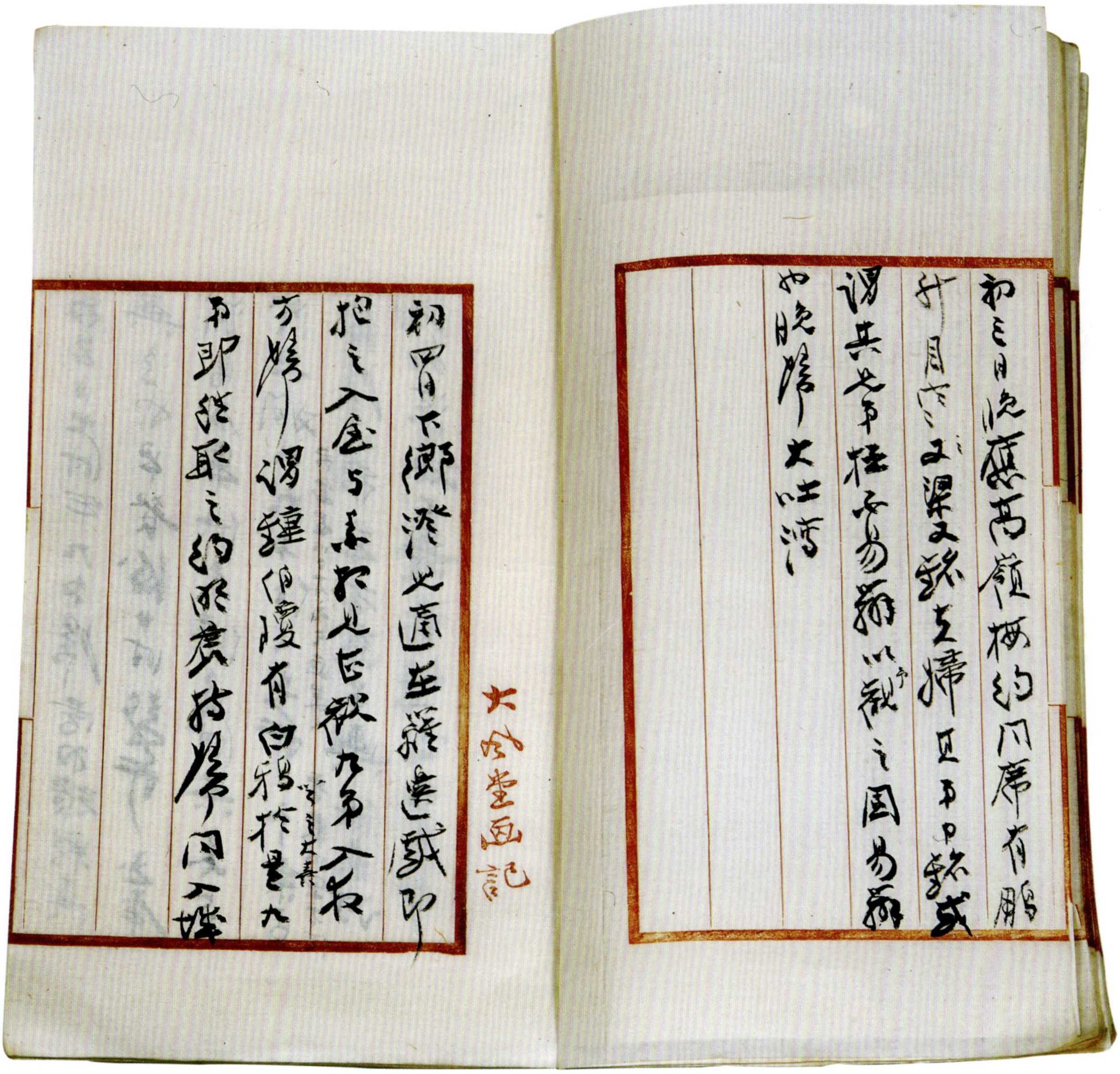

［现代］张大千 日记手札
Diary Manuscript by Zhang Daqian from the Modern Times

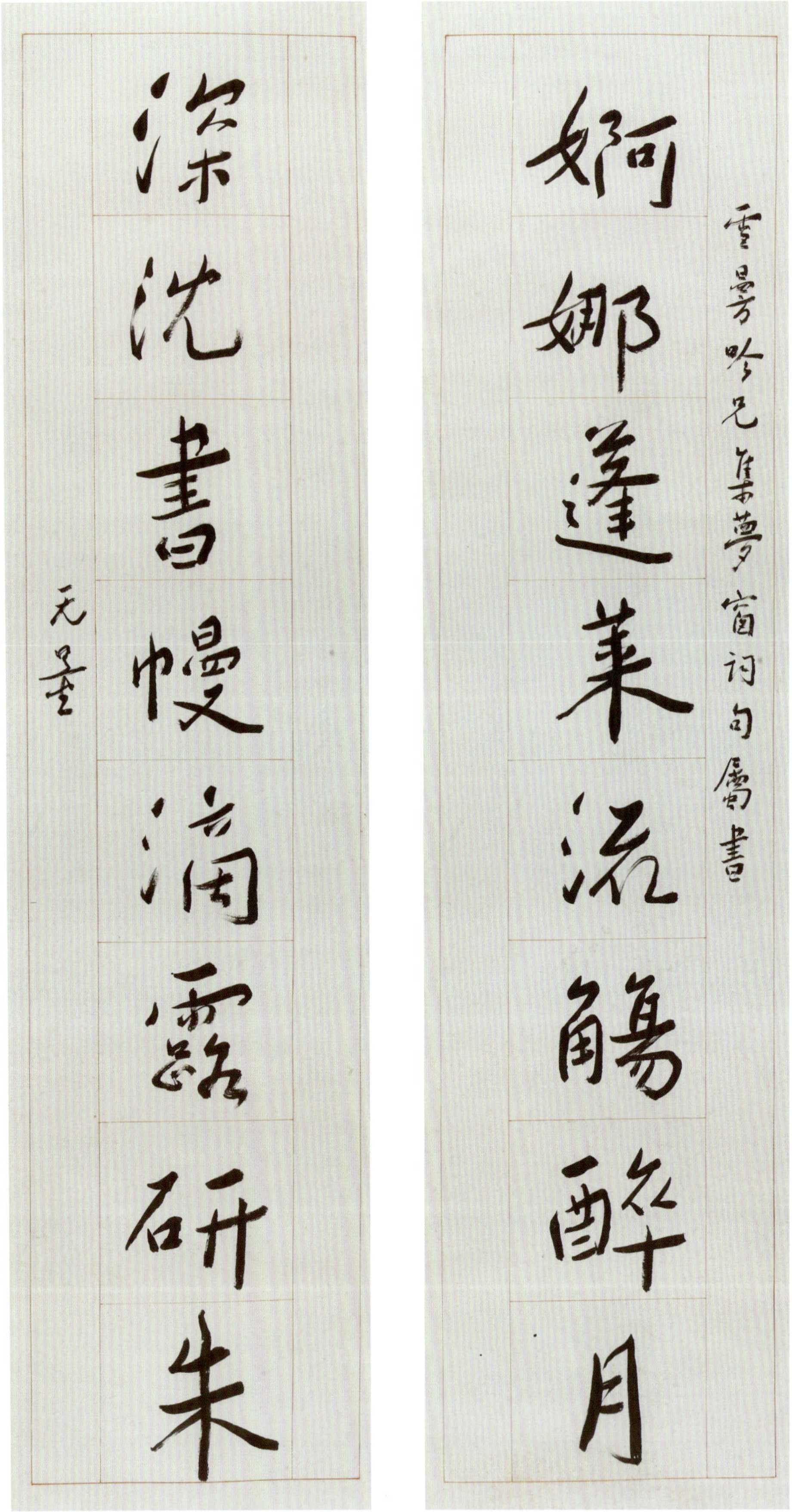

[现代] **谢无量 对联** 长33cm 高130cm
Couplet by Xie Wuliang from the Modern Times
Size:Length 33cm Height 130cm

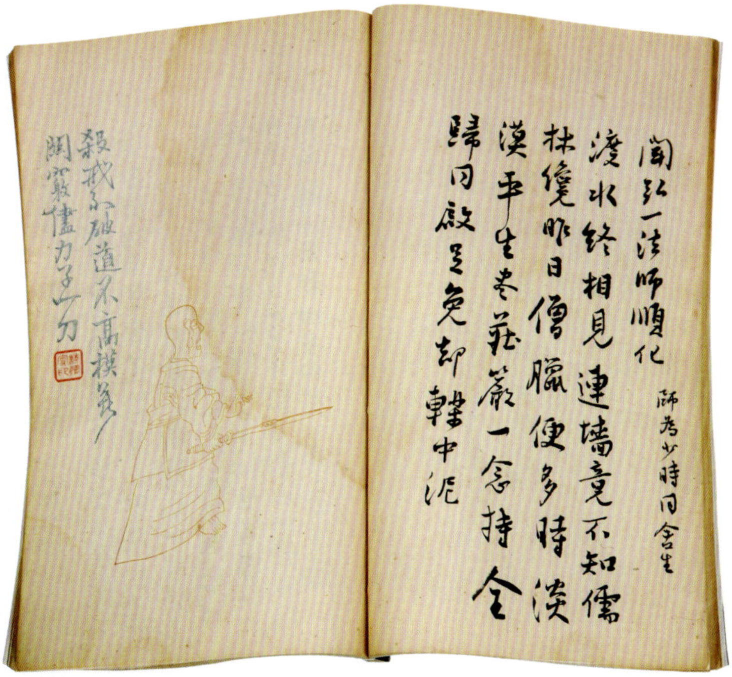

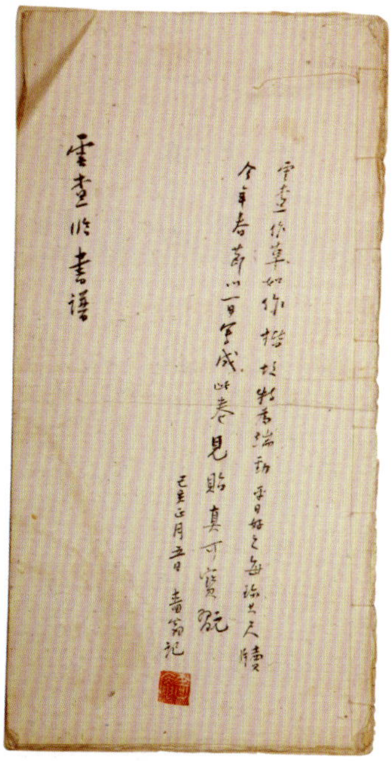

[现代] **谢无量 自写诗卷**
Poetry Volumes by Xie Wuliang from the Modern Times

[现代] **陈子庄 牧牛** 长35.5cm 高23cm
Painting of Herding Buffalo by Chen Zizhuang from the Modern Times
Size:Length 35.5cm Height 23cm

[现代] **陈子庄 林舍双舟** 长34.2cm 高26.2cm
Painting of Villages and Two Boats in the Woods by Chen Zizhuang from the Modern Times
Size:Length 34.2cm Height 26.2cm

[现代] **赵熙 山水** 长23cm 高31cm
Landscape Painting by Zhao Xi from the Modern Times
Size:Length 23cm Height 31cm

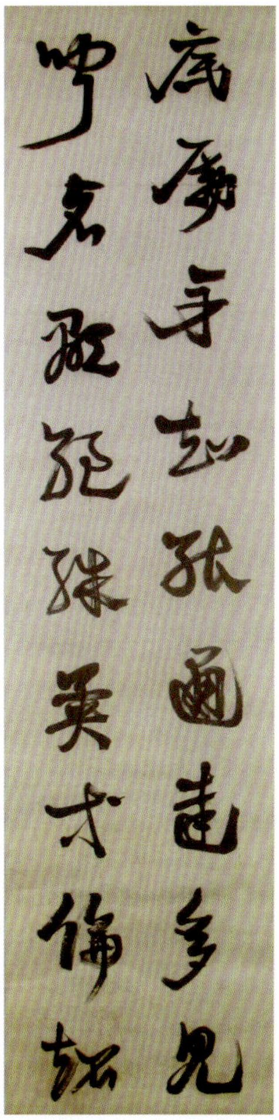

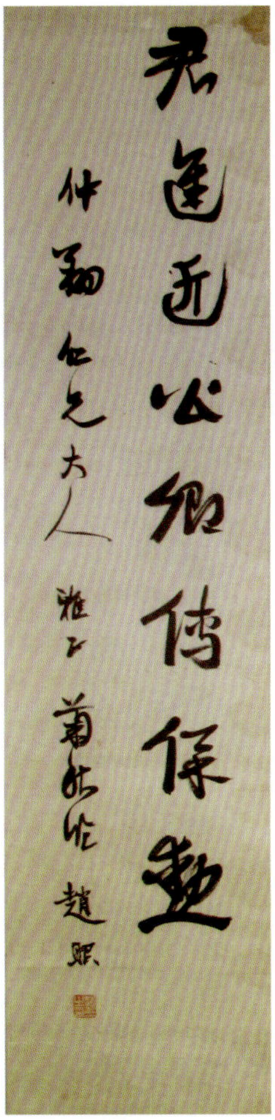

[现代] **赵熙 书法 屏** 长34cm 高140cm
Calligraphy Screens by Zhao Xi from the Modern Times
Size:Length 34cm Height 140cm

[现代] 辜培原 山水扇面
Landscape Fan by Gu Peiyuan from the Modern Times

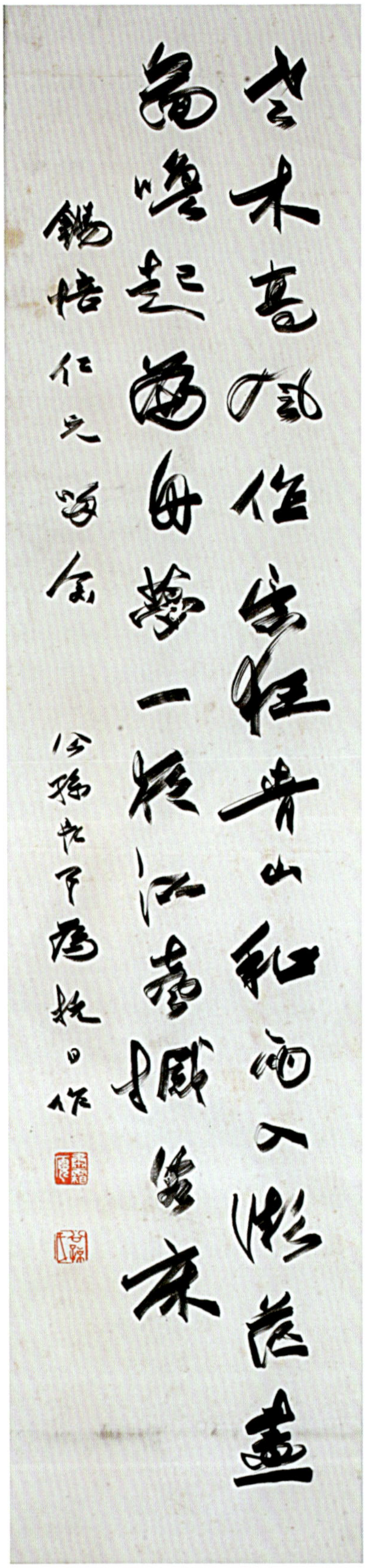

[现代] **公孙长子 书法** 长31.5cm 高135cm
Calligraphy by Gongsun Zhangzi
from the Modern Times
Size:Length 31.5cm Height 135cm

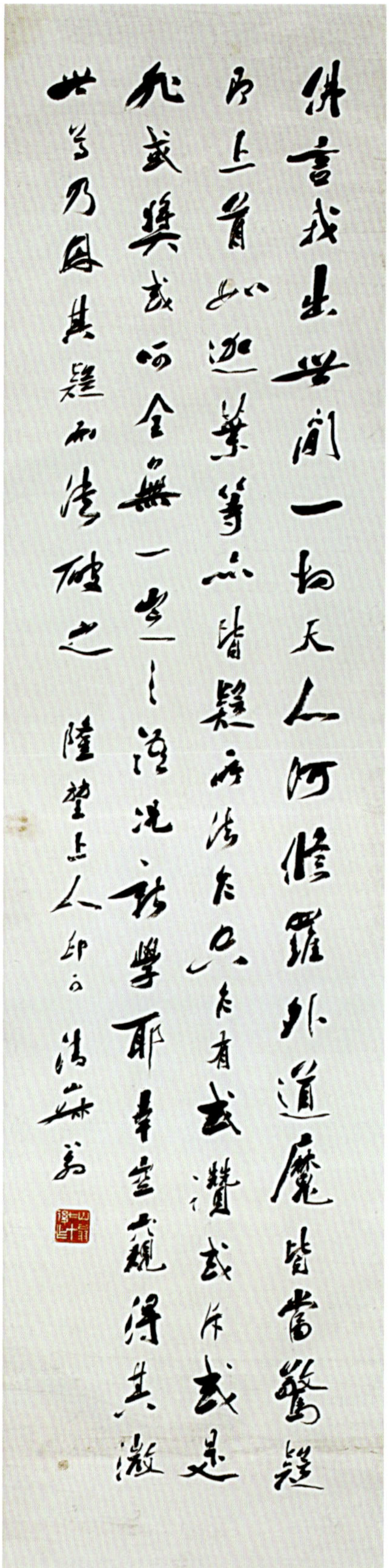

[现代] **林思进(山腴) 书法** 长34cm 高136cm
Calligraphy by Lin Sijin(Shanyu) from the Modern Times
Size:Length 34cm Height 136cm

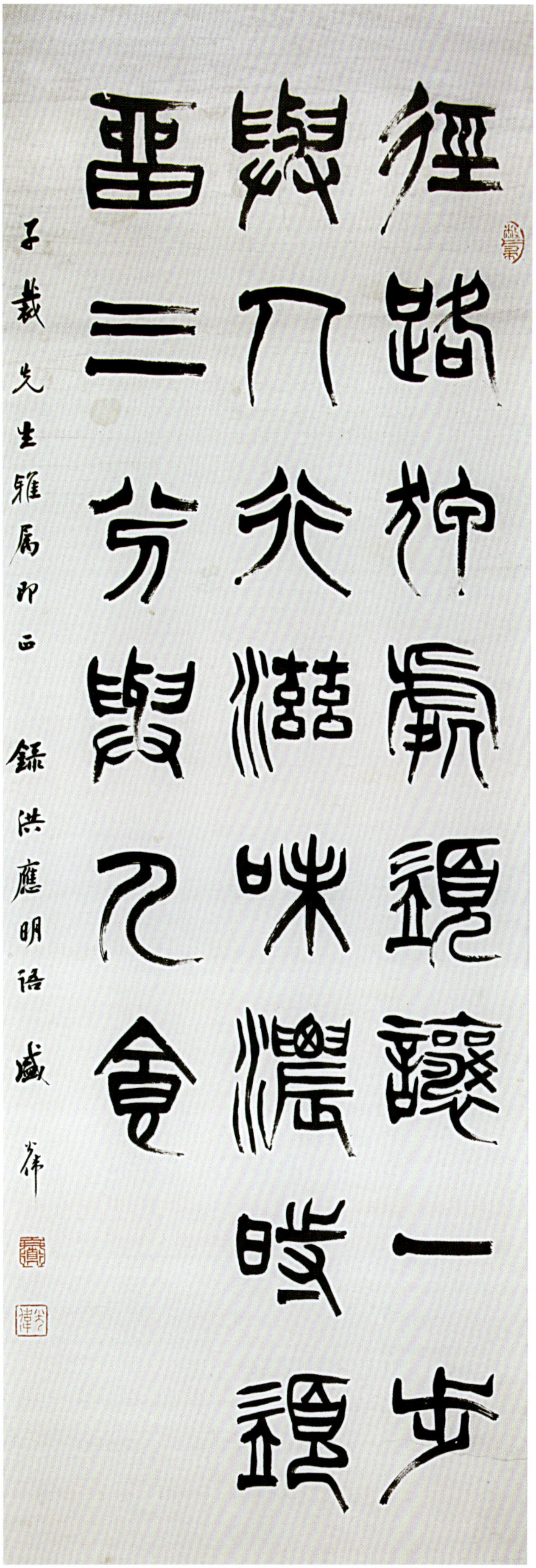

[现代] **盛光伟 篆书** 长36.5cm 高108cm
Seal Character by Sheng Guangwei
from the Modern Times
Size:Length 36.5cm Height 108cm

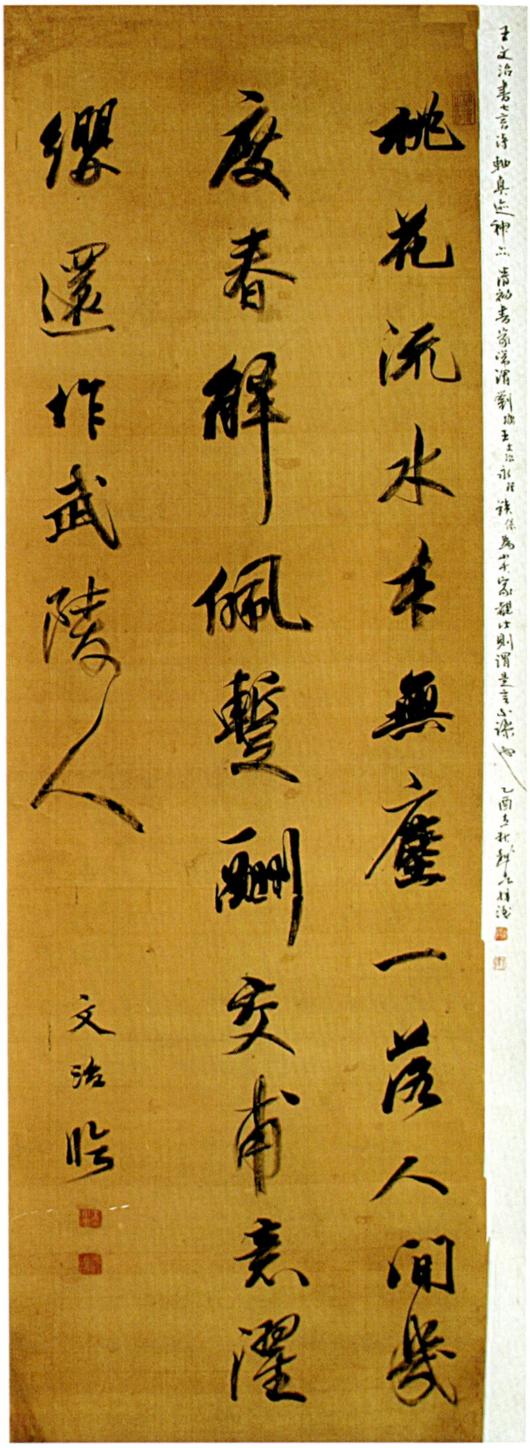

[清] **王文治 书法** 长40cm 高127.5cm
Calligraphy by Wang Wenzhi
from the Qing Dynasty
Size:Length 40cm Height 127.5cm

[现代] **吴佩孚 墨梅** 长30.5cm 高133.5cm
Ink Painting of Plum Blossom by Wu Peifu
from the Modern Times
Size:Length 30.5cm Height 133.5cm

[现代] **黄君璧 山水** 长47cm 高108cm
Landscape Painting by Huang Junbi from the Modern Times
Size:Length 47cm Height 108cm

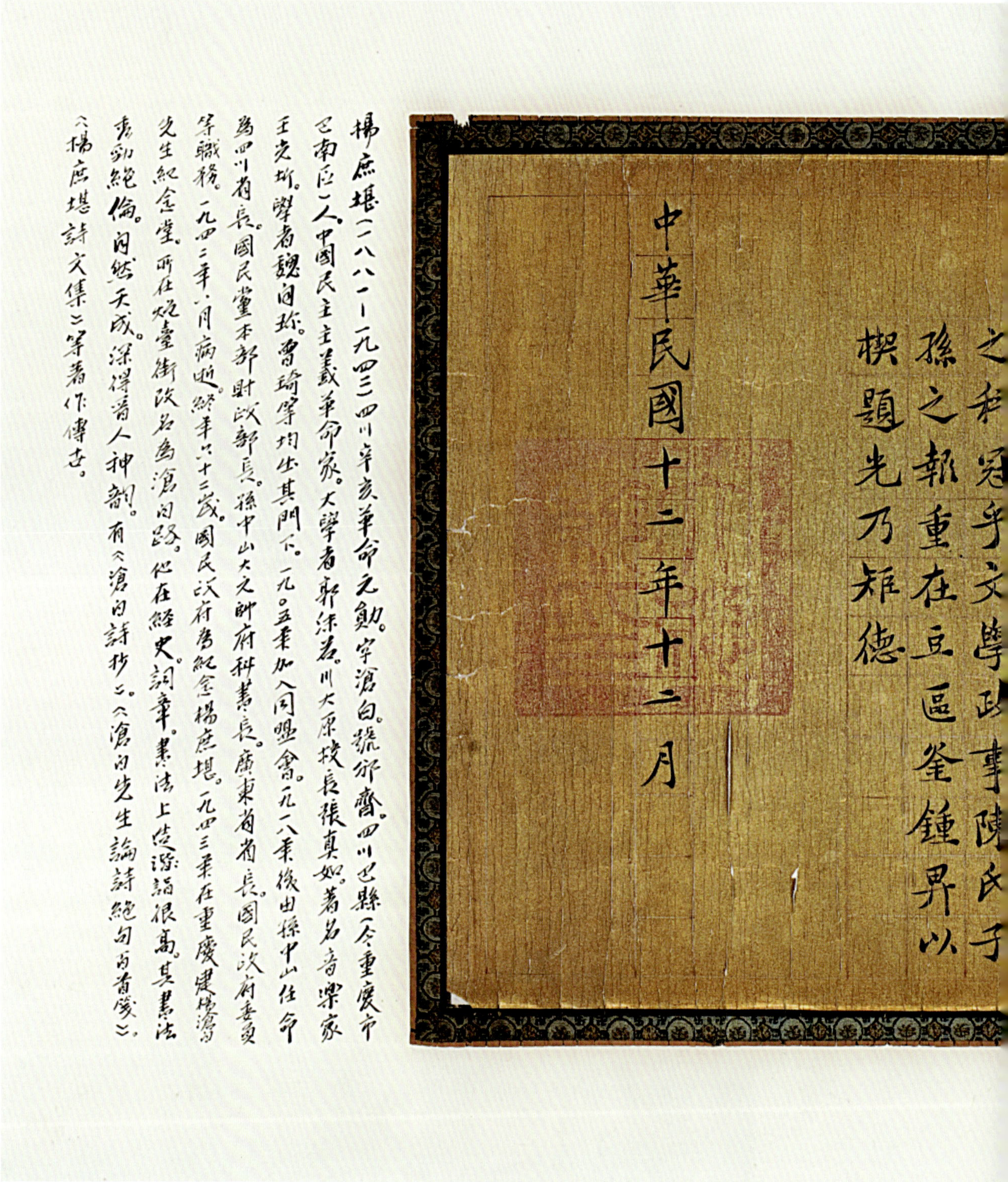

[现代] **杨庶堪 大总统令** 长57cm 高37cm
Order from the President Written by Yang Shukan from the Modern Times
Size:Length 57cm Height 37cm

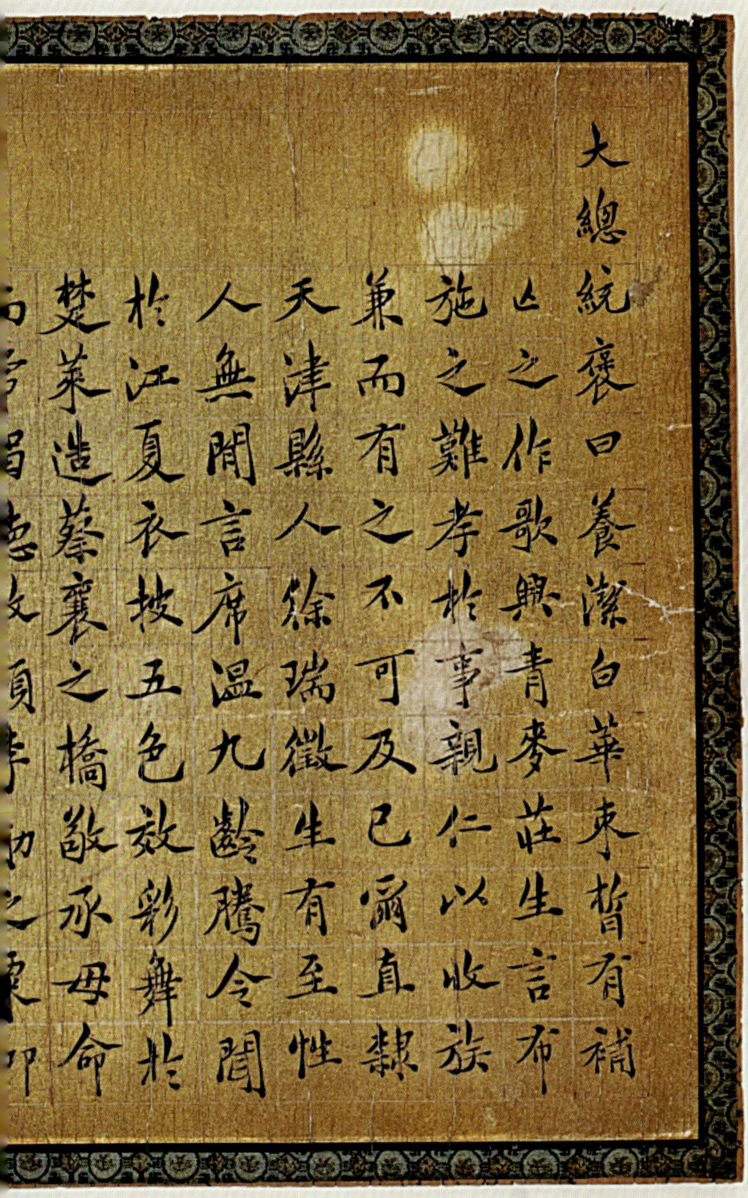

楊庶堪書
孫中山先生大總統令

成都潘天威識

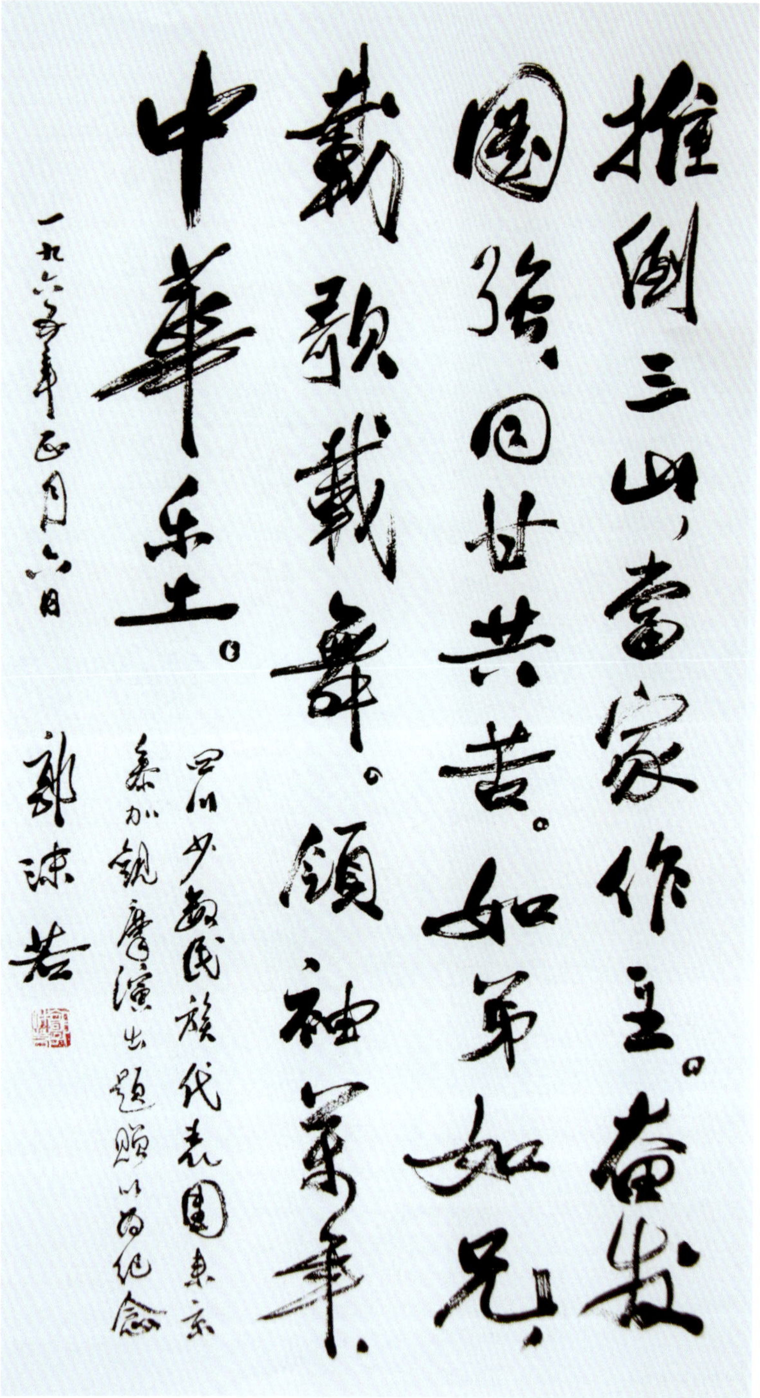

［现代］**郭沫若 书法** 长32cm 高67cm
Calligraphy by Guo Moruo from the Modern Times
Size:Length 32cm Height 67cm

[现代] **江梵众 山水** 长29cm 高93cm
Landscape Painting by Jiang Fanzhong from the Modern Times
Size:Length 29cm Height 93cm

[现代] **汪亚尘 玉堂富贵** 长33.5cm 高108cm
Painting of Tree Peony and Magnolia by Wang Yachen from the Modern Times
Size:Length 33.5cm Height 108cm

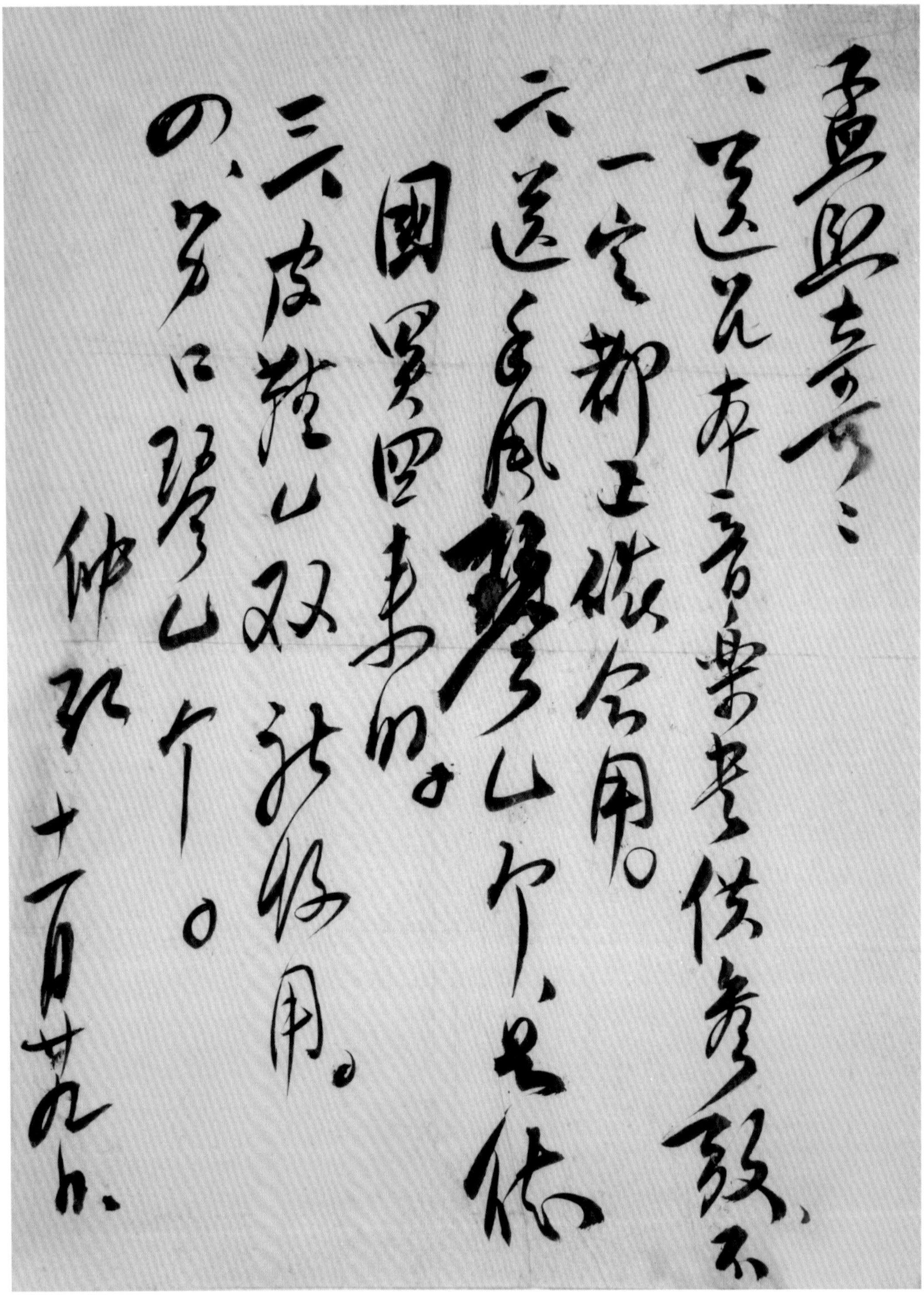

[现代] **陈毅 信札** 长20cm 高27.3cm
Letters by Chen Yi from the Modern Times
Size:Length 20cm Height 27.3cm

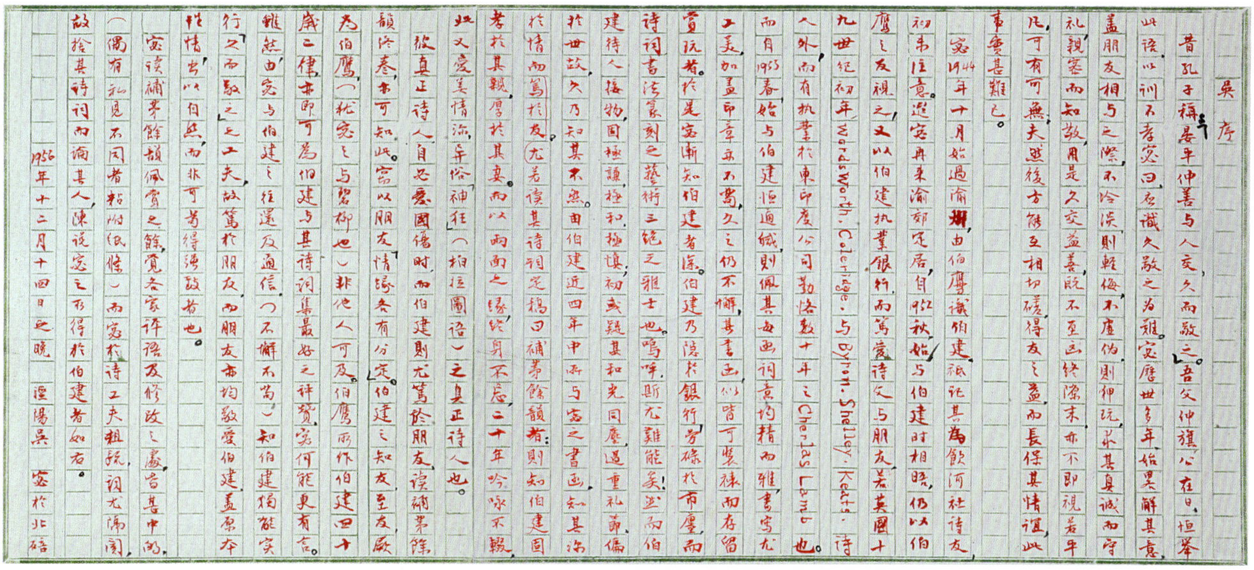

吴序

昔孔子称晏平仲善与人交，久而敬之。吾父仲旗公在日，恒举此语以训不孝宓曰：「相识久，敬之为难。」宓历世多年，始略解其意，盖朋友相与之际，不冷淡则轻侮，不虚伪则狎玩，求其真诚而守礼，亲密而知敬，用是久交益善，既不至凶终隙末，亦不即视若平凡，可有可无，夫然后方能互相切磋，得友之益，而长保其情谊，此事实甚难已。

宓1944年十月始过渝州，由伯鹰识伯建，祗记其为饮河社诗友，初未注意。迨宓再来渝郊定居，自1952秋，始与伯建时相晤，仍以伯鹰之友视之，又以伯建执业银行，而笃爱诗文与朋友，若英国十九世纪初年Wordsworth, Coleridge, 与Byron, Shelley, Keats, 诗人外，而有执业于东印度公司勤恪数十年之Charles Lamb也。而自1953春，始与伯建恒通缄，则佩其每函词意均精，而雅书写尤工美，加盖印章亦不苟，久之仍不懈，其书函似皆可装裱而存留赏玩者。于是宓渐知伯建者深。伯建乃隐于银行劳碌于市廛，而诗词书法篆刻之艺术三绝之雅士也。呜呼，斯尤难能矣！然而伯建待人接物，固极谦、极和、极慎；初或疑其和光同尘，过重礼节，偏于世故，久乃知其不然。由伯建近四年中所与宓之书函，知其深于情而笃于友，尤若读其诗词定稿曰《补茅余韵》者，则知伯建固孝于其亲，厚于其妻，而以两面之缘，终身不忘，二十年吟咏不辍，如又爱美情深，异俗神往（柏拉图语）之真正诗人也。

彼真正诗人，自必爱国伤时，而伯建则尤笃于朋友，读补茅余韵者，当可知此。宓以朋友情谊，各有分定，伯建之知友、至友，厥为伯鹰，（犹宓之与碧柳也）非他人可及。伯鹰所作伯建四十岁二律，亦即可为伯建与其诗词集最好之评赞，宓何能更有言。虽然，由宓与伯建之往还及通信，（不懈不苟）知伯建独能实行之而驭之之工夫，故笃于朋友，而朋友亦均敬爱伯建，盖原本性情，出以自然，而非可苟得强致者也。

宓读补茅余韵，佩赏之余，觉各家评语及修改之处，皆甚中的。（偶有私见不同者，粘附纸条）而宓于诗工夫粗疏，词尤隔阂，故检其诗词，而论其人，陈说宓之所得于伯建者如右。

1956年十二月十四日之晚　泾阳吴宓于北碚

[现代] **吴宓 信札** 长39cm 高19.5cm
Letters by Wu Mi from the Modern Times
Size:Length 39cm Height 19.5cm

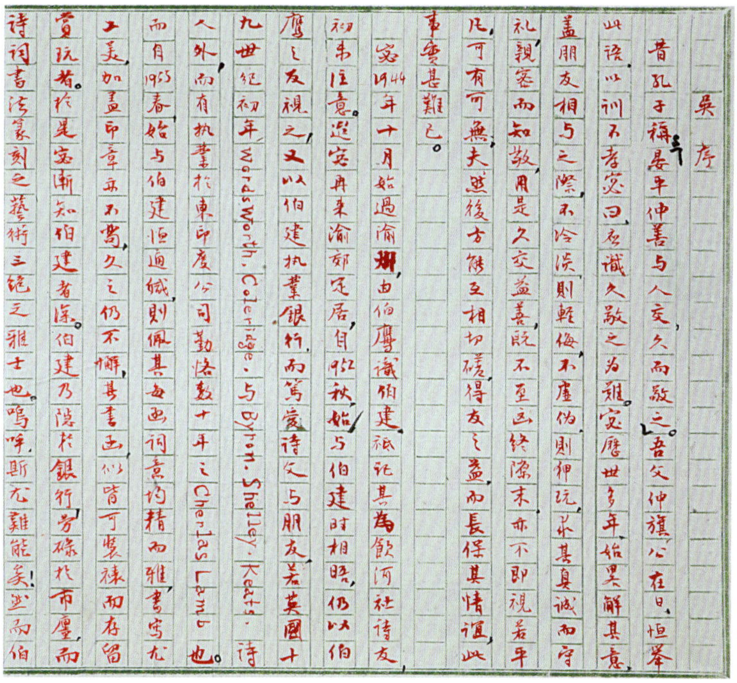

局部 Partial

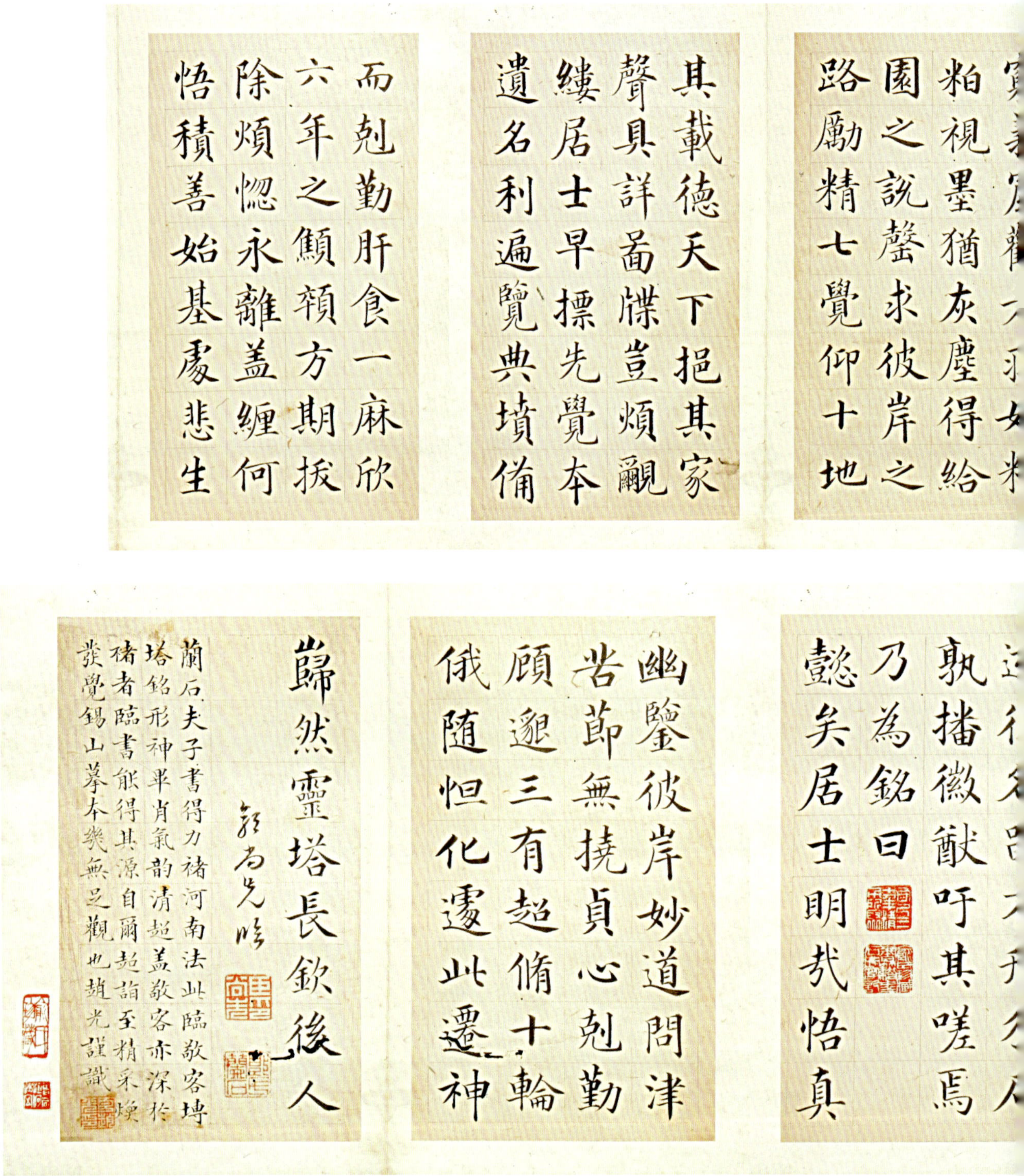

[清] 郭尚先 书法册页 长12cm 高22.5cm
Calligraphy Album by Guo Shangxian from the Qing Dynasty
Size:Length 12cm Height 22.5cm

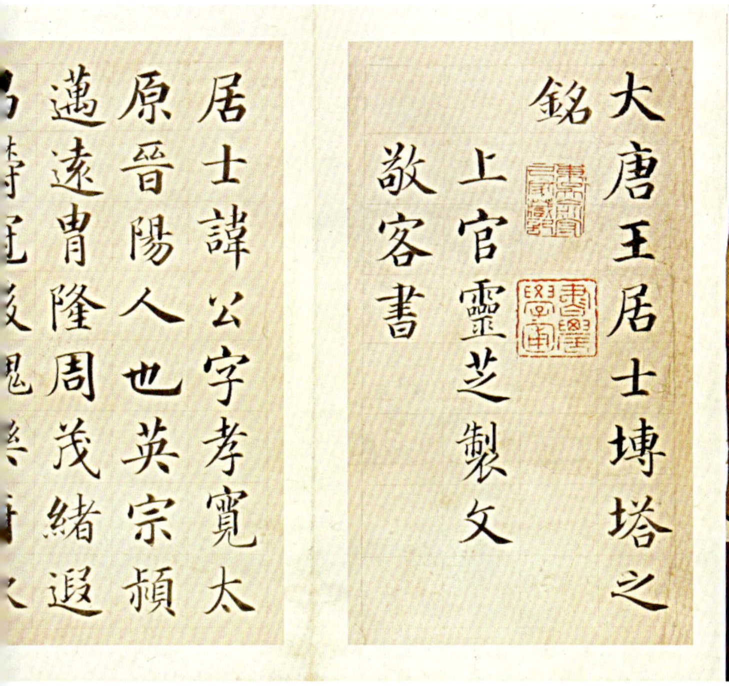
大唐王居士塼塔之
銘
上官靈芝製文
敬客書
居士諱公字孝寬太
原晉陽人也英宗頻
邁遠胄隆周茂緒遐

鄭蔺名先生臨塼塔銘真蹟
壬寅九月
寒香

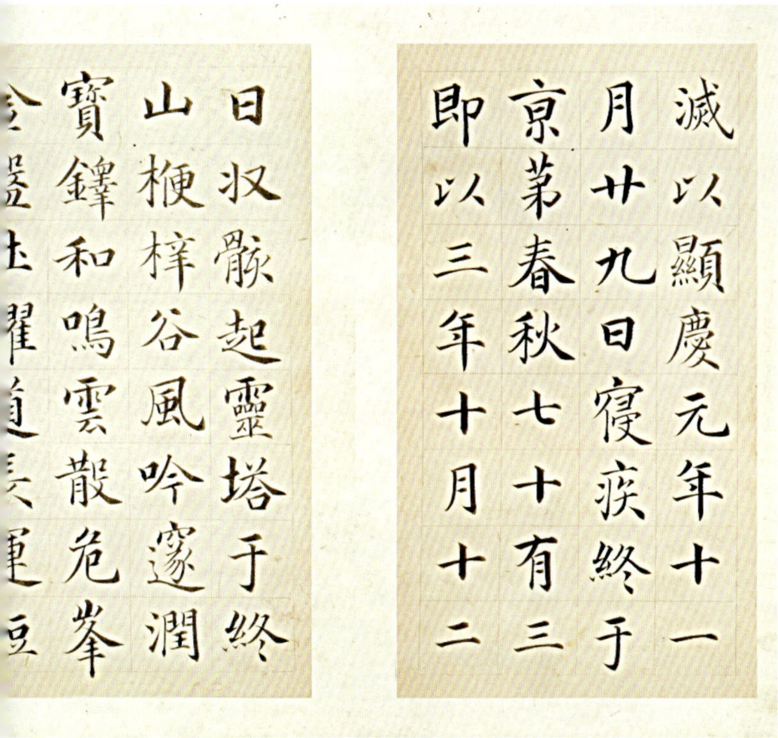
滅以顯慶元年十一
月廿九日寢疾終于
京第春秋七十有三
即以三年十月十二
日收骸起靈塔于終
山梗梓谷風吟邃潤
寶鐸和鳴雲散危峯

[现代] **林森 对联** 长28cm 高112cm
Couplet by Lin Sen from the Modern Times
Size:Length 28cm Height 112cm

[现代] **朱屺瞻 花卉** 长48cm 高90cm
Painting of Flowers by Zhu Qizhan from the Modern Times
Size:Length 48cm Height 90cm

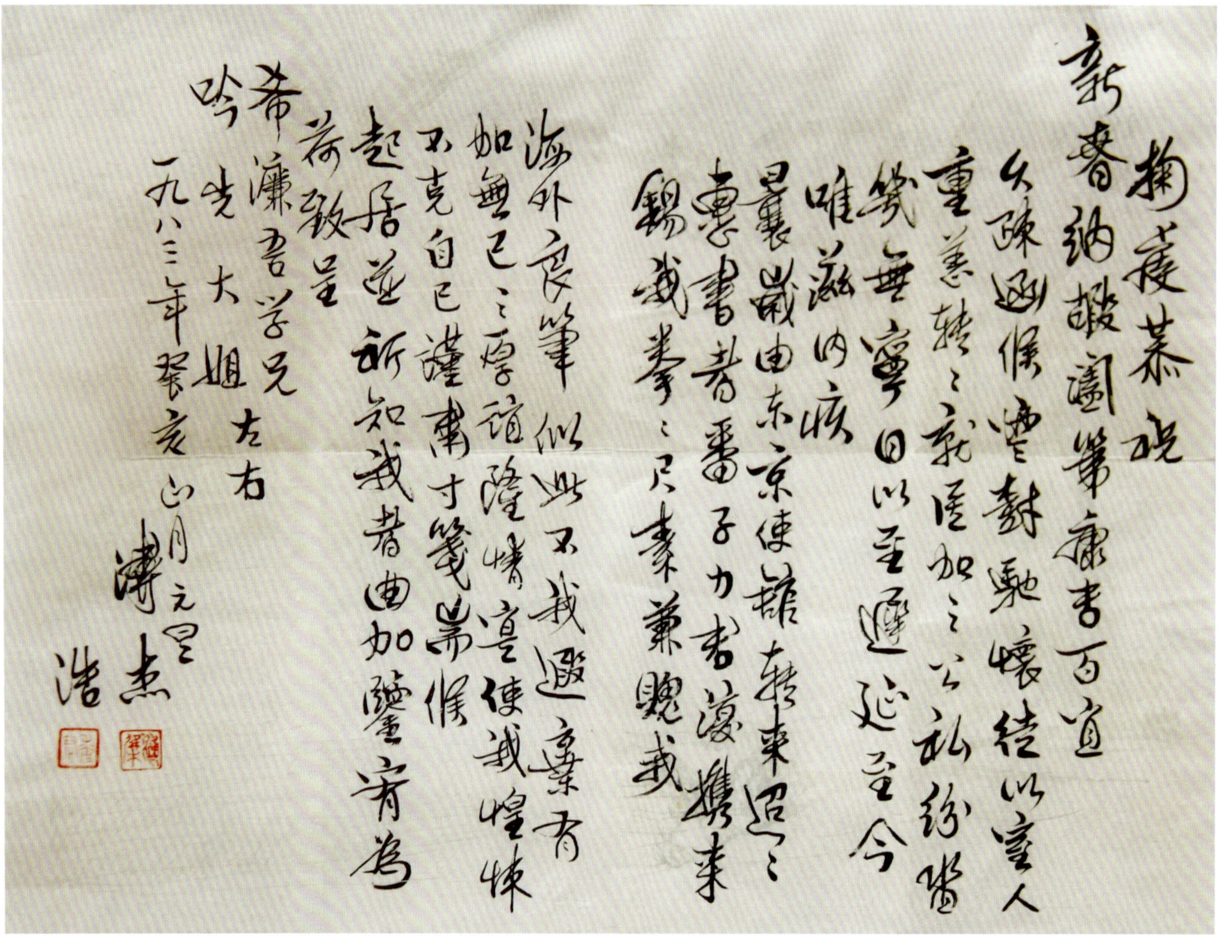

[现代] **溥杰 信札** 长27.3cm 高20cm
Letters by Pu Jie from the Modern Times
Size:Length 27.3cm Height 20cm

［现代］**吴一峰 山水** 长37cm 高81.5cm
Landscape Painting by Wu Yifeng from the Modern Times
Size:Length 37cm Height 81.5cm

[现代] **晏济元 庐山五老峰** 长96.5cm 高70.5cm
Painting of Wulaofeng in Lu Shan by Yan Jiyuan from the Modern Times
Size:Length 96.5cm Height 70.5cm

[现代] **施孝长 奇峰绝顶** 长29.5cm 高89cm
Painting of Peculiar Mountain Top by Shi Xiaochang from the Modern Times
Size:Length 29.5cm Height 89cm

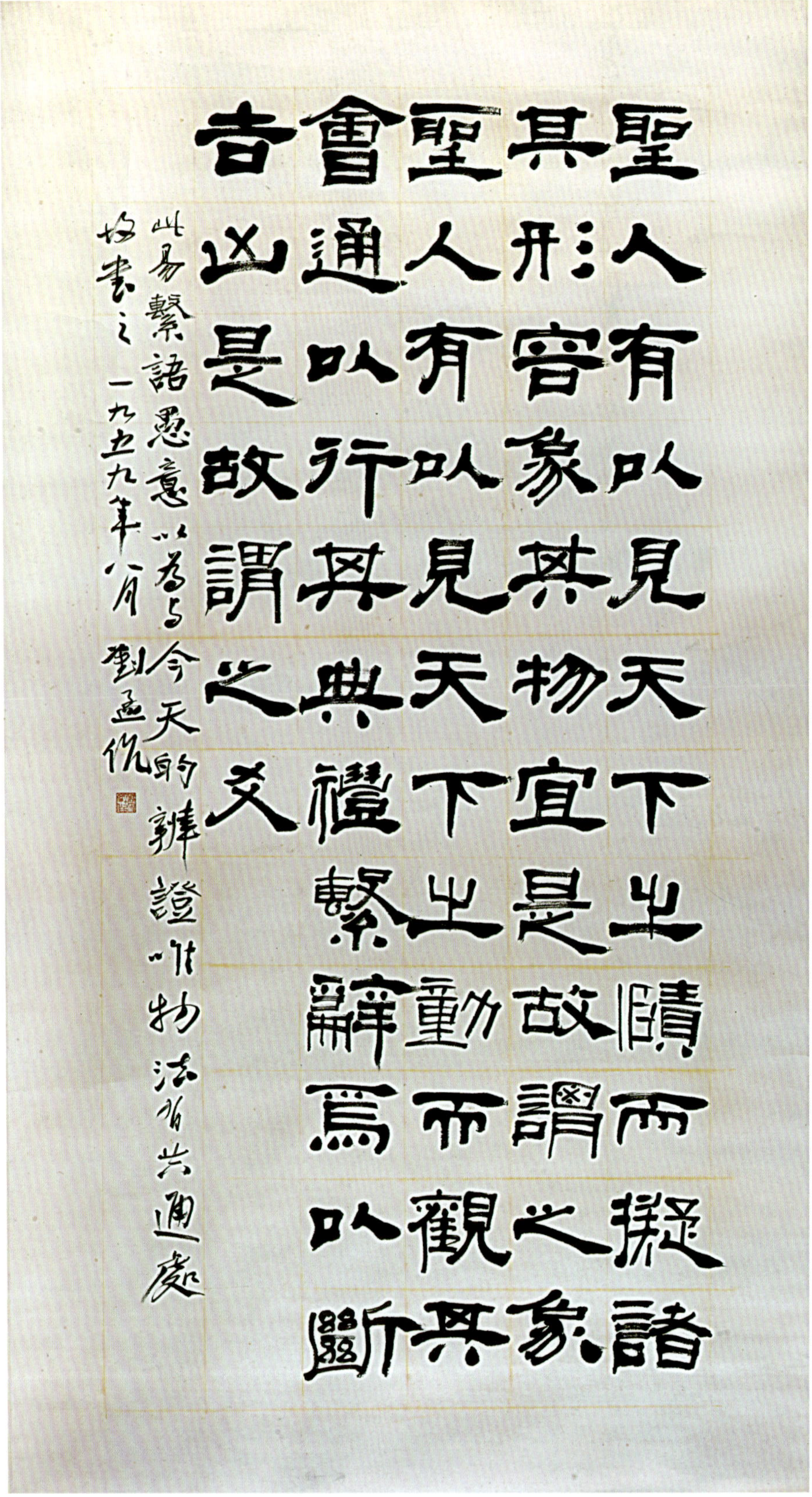

［现代］**刘孟伉 书法** 长95cm 高178.5cm
Calligraphy by Liu Mengkang from the Modern Times
Size:Length 95cm Height 178.5cm

[现代] **苏葆桢 菊花小鸟** 长58.5cm 高94cm
Painting of Chrysanthemum and Bird by Su Baozhen from the Modern Times
Size:Length 58.5cm Height 94cm

[现代] **黄稚荃 墨梅** 长33cm 高136cm
Ink Painting of Plum Blossom by Huang Zhiquan from the Modern Times
Size:Length 33cm Height 136cm

[现代] **冯建吴 山水** 长17.5cm 高23.5cm
Landscape Paintings by Feng Jianwu from the Modern Times
Size:Length 17.5cm Height 23.5cm

[现代] **李琼久 山水** 长59cm 高97cm
Landscape Painting by Li Qiongjiu from the Modern Times
Size:Length 59cm Height 97cm

[现代] **赵蕴玉 工笔群猴** 长171cm 高93cm
Meticulous Painting of a Group of Monkeys by Zhao Yunyu from the Modern Times
Size:Length 171cm Height 93cm

[现代] **岑学恭 风帆出三峡** 长91cm 高53cm
Painting of Sailing out of the Sanxia by Cen Xuegong from the Modern Times
Size: Length 91cm Height 53cm

[现代] **刘既明 群雁** 长132cm 高47cm
Painting of a Group of Geese by Liu Jiming from the Modern Times
Size:Length 132cm Height 47cm

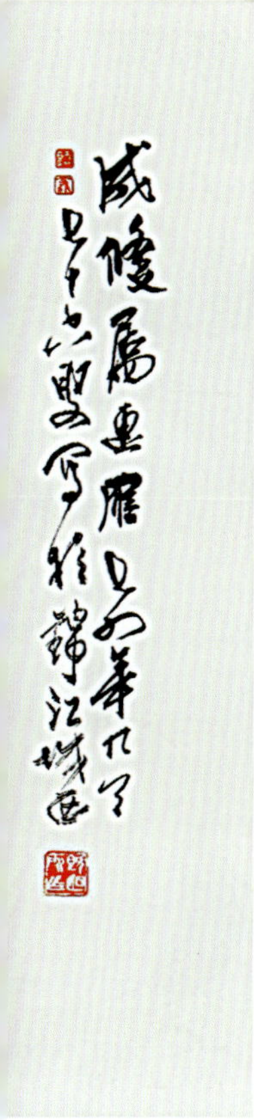

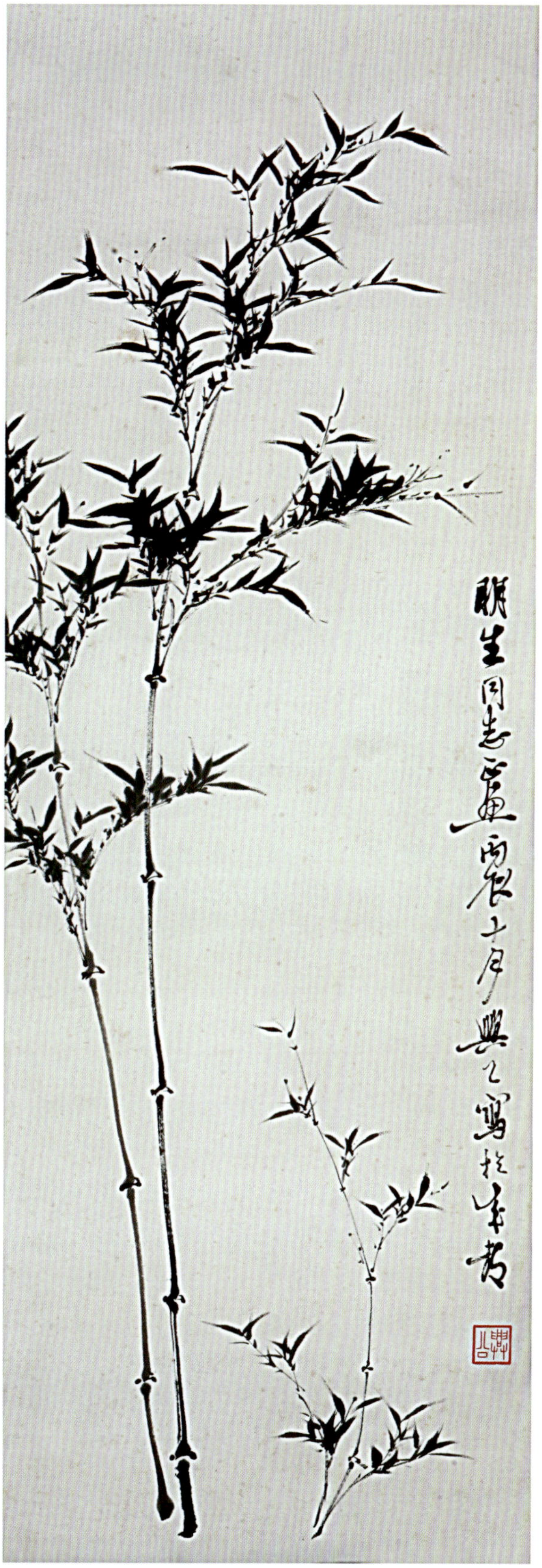

[现代] **余兴公 墨竹** 长32cm 高92.5cm
Ink Painting of Bamboo by Yu Xinggong from the Modern Times
Size:Length 32cm Height 92.5cm

[现代] 孙竹篱 花鸟 屏 长34.5cm 高137cm
Paintings of Flowers and Birds by Sun Zhuli from the Modern Times
Size:Length 34.5cm Height 137cm

[现代] **沙孟海 书法** 长34cm 高115cm
Calligraphy by Sha Menghai
from the Modern Times
Size:Length 34cm Height 115cm

王绍臣上款晚清藏画与没骨花鸟

Collection of Paintings From the Late Qing Dynasty and Non-outlined Flowers & Bird Painting. Inscribed by Wang Shaochen from the late Qing Dynasty.

文 Text _ 杨振兴 Yang Zhengxing

自古以来，成都平原土地肥沃、气候温和,物产丰富。至秦统一，李冰父子治蜀开凿都江堰更无天干水旱之虞。一方水土养一方人，“天府之国”生活安定，故尔素有崇尚风雅之风与喜好书画艺术的传统。然而，明朝末年的灾荒和连年战乱，加上张献忠屠川等原因，造成四川人口锐减，故在清朝初年朝廷实行人口迁移政策，将四川周边各省，特别是两湖、两广和江西等省人口迁移至四川，史称“湖广填四川”。移民带来人口快速增长的同时，也带来了大量的文化艺术形式，并逐渐形成近、现代四川盆地文化所具有的包容性和新生的移民文化色彩。

时有清同治二年进士，历任四川学政、山西巡抚以及两广、两江、湖广总督的张之洞十分注重教育，先后整顿成都锦江书院，设立尊经书院，以文治川。文风鼎盛自然科举进士增多，全国各地追求功名仕途的学子和宦蜀官员纷纷进入四川。这些饱学之士中多擅长书法丹青，加之来自各省的移民中众多书画精英，从而形成当时的艺术人才群。王志军所藏祖父王绍臣上款晚清字画，就是这时期的实物见证。

这批藏画，不仅数量众多，而且有着非常高的艺术造诣。四十多年前的“文革”浩劫，使历代众多珍贵字画付之一炬。传统文化精髓遭到前所未有的破坏，这批王绍臣上款晚清藏画却没被毁掉，真是匪夷所思。晚清蜀中书画大都崇尚古意，临摹宋、元、明代大家真迹和以追求高古神韵为上乘标准。通过它可以见识大画家们的风采，了解蜀画技艺和书风在清代时期的传承，从而解读和追忆这段尘封百年的艺术历史。

光绪初年，王志军祖父王绍臣从浙江慈溪县沿江而上，经重庆徒步到成都，通过友人介绍谋职绵竹县师爷。由于本人才华横溢、风流倜傥、生性豁达、办事干练，兼之出身书香门第、精通文墨、善交士绅，很快被上司赏识提拔，历任什邡县、崇宁县知县。辛亥革命后任南京盐务局长多年。为政之外不但精于绘画，并且善于治印，其作 品深得同仁亲友喜爱。主要以写实没骨花鸟为主，当属写实文人画一类，师法于明末清初的恽南田。其作品设色典雅、用笔俊逸、格调清新、生趣盎然，给人以明丽秀润而又自然生动的

艺术感染力。从画中题跋看，他所师从的有天池道人、华秋岳老人画本，还有上官周、淡轩、宁云外史、太原赵振卿、郑板桥等等。现今留下的十六张没骨写生花卉册页，落款为淡轩法写生。虽然题有师法某某，实际早已形成自家画风。从落款庚申伏日计当是62岁时的作品，可以断定这一时期，应是他创作最成熟而又多产的鼎盛时期。册页意境幽雅自然，可谓是他的代表作。他留下的同仁赠送书法数十件作品中有一幅由成都龚维锜（字保清，长诗词文章，善书得赵文敏意，名重一时）所书单条“游新繁东湖遂至龙藏寺记”诗，落款写：“归由甘綗熙县长置酒赋诗，即和鹤老、厚甫、周伯言唱和，甘綗熙县长绍臣即乞哙正。观其书法俊逸洒脱，古雅朴穆、深得赵意却又自成面目。”由此游记可知，绍臣先生在川朋友多为名士、官吏，他们皆有淡泊于山林，追求超脱与结朋游历、吟诗唱和之好，也常聚一起作画品酒议论时政，比之今日文人雅集

无有不同。在赠送他的这些书画作品中，其作者尚有很多名重一时的大家。其中有包弼臣书法团扇、对联，陈熙炳行草，高少安书法，盛樾（盛光炜之父，县官）、叶禄勲、陈开静、樊树屏、钟癖昌、赵墳等人书法团扇和范襄、秦赍和，陈熙柄、骆文溥、邓鸿荃、王周桢书法等。其中的书法奇人伍生辉，陕西泾阳人，候补于川，寓居城北，家甚贫，宦情萧瑟，十年候补尚无消息。是岁除夕日，自书一联云 “十年宦比梅花冷 一夜春随爆竹来” 。川督锡良是日兴行巡阅，见其书法、语气非凡一流，回署乃召见，颇为器重，授绵竹知县，成都望江楼薛涛纪念馆至今还挂有他高度评价薛涛的诗匾，传为一时佳话。以上作品虽然在晚清时期只是冰山一角，却可以看出晚清书法家师承或长于碑学，或精于帖学，或雄浑奇伟，或简约脱俗，或清逸自如，有前朝先贤法度又未囿于藩篱，皆已形成老辣沉稳、飘逸流畅的书风。

王志军所藏晚清书画与收藏鉴定家袁愈高先生所编四川近代书画家对照，晚清花鸟画家多以写实没骨画法，表现出物像之自然形态。并且多人用瓯香馆笔法、擬恽寿平笔意、恽南田有此法、白云外史画意行款，虽然也有师法他人没骨花鸟画的题法，论其法度也是大同小异，只有个性之别与笔法生熟之别而已。但他们通过写生的形式，表现出物像老辣沉稳、飘逸流畅的自然风貌，使画面达到很高的艺术品位，文采飞扬以证胸有诗书。同时也证明晚清之人对没骨花鸟画的喜爱与恽南田在当时画人心中的地位。山水人物画则多见法宋、元、清四王，或有扬州八怪的题法，总之皆以继承传统为能事。

自中日甲午海战以来，四川社会经济发生了很大的变化，农耕文明发展到顶峰，资本主义工业革命萌芽，蜀人思想、观念也随之发生改变，然蜀人历来崇尚的休闲与盆地意识，皆以崇尚古人为荣，少有能越雷池者。由于当时的客观条件，笔墨当随时代，王志军所藏书画，正好见证晚清书画的表现形式，已成为奠定西蜀花鸟画风格雏形的重要组成部分。遗憾的是“晚清写实没骨花鸟画，已失落于历史长河的尘雾中”，陈滞冬先生的如是说法或许是用对绘画中形似物像的不屑，来掩盖将三维空间的实物转换为二维平面形象这一基本绘画技术的无能。四川现今虽然有一部分能画写实没骨花鸟的艺术家大多已经搁笔，但仍然还有人在坚持。如山水画家伍瘦梅之女伍端先生，花鸟画家陈仲年嫡孙陈长安先生等。赞曰:传统继承非简单，藩篱脱尽笔生烟。迷离扑朔牵狂怪，满纸铅华度野禅。

杨振兴
四川省诗词学会理事
四川戊子书画院副院长

跌宕波澜惊宇内 俊逸翩跹蕴雅章

Great waves of ups and downs shock the world,
Elegant words of articles are so beautiful,
As butterflies dance in the garden.

——19世纪末、20世纪前期成都书法篆刻综述

——Summary of Calligraphy and Seal Cutting in Chengdu from the Late 19th Century and the Early 20th Century

文 Text＿向黄 Xiang Huang

从数千年前聚邑到今日之成都，一直是四川经济、政治、文化的中心。19世纪末到20世纪前期的成都书法篆刻呈现为跌宕波澜、俊逸翩跹的文化气象，书法篆刻诸家鲜明的艺术个人风格，引领了当时的四川书坛印风，影响至今，乃至全国。2010年出土于成都市天府广场的两块汉代纪功碑再一次证明了成都在四川的中心地位，也展示了作为这个经济、政治、文化中心以外的书法中心地位。

成都因地理的原因而成为一座历史悠久的移民城市，它汇聚了来自四面八方的各地人才。尤其是在群雄割据、中原战乱的时代，更是如此。这期间中华民族所遭受的惨烈，正如书圣东晋王羲之在《丧乱帖》所描述一样："丧乱之极，先墓再离荼毒，追惟酷甚，号慕摧绝，痛贯心肝，痛当奈何奈何！虽即修复，未获奔驰，哀毒益深，奈何奈何！临纸感哽，不知何言。"每一次的北方之乱，都造成了北方士族南迁，一部分到江浙、两广，一部分经两湖、两广辗转迁移到了四川，大部分在成都定居、繁衍，遂占籍为成都人氏。成都因之成为四川本籍、客居、流寓的四川艺术家们进行艺术创作、研究的最佳选择。

从清末到民国，再到中华人民共和国这一百多年的时间，成都的书法篆刻聚集了四川和全国各地的文化精英，他们与成都本地的书法篆刻家们，相互切磋、相互砥砺，创作出了无数传世的艺术佳品，形成了与京华、江浙、两广等地并驾齐驱的艺术格局，构成了20世纪中国的书法篆刻史。从这个意义上讲，20世纪的成都是书法篆刻最佳、最好的积淀地，它所呈现的书法篆刻创作、研究水平均代表了四川书法篆刻的最高水平。

当时四川成都的书法篆刻艺术家，赫赫有名并且影响甚广的有顾印愚、赵熙、谢无量、乔大壮、郭沫若、张大千、刘孟伉、徐无闻等。

书印创作

从1900年到1940年这一时期，书法篆刻家们承继了晚清以来的变革思想，将理性思考与创新意识有机地结合，这为后来的艺术创作、创新，开辟蜀风之路做了扎实的铺垫。这一时期的书法篆刻呈现出碑版与帖学的互为消长、互为融合的风格。北派的雄壮之风略胜南派的俊逸之气。碑版之风以颜楷、林山腴、刘咸炘等为代表，帖学之气以顾印愚、刘咸荥、蒲殿俊等为代表，而兼二者之美的要数赵熙了。刘咸荥的书法散见于四川各地的风景名胜、古刹庙宇。对于书法理论的研究有至深的学者是刘咸炘，刘咸炘对书法的研究有《弄翰余沛》一书。该书的一个观点，就是认为书法这门艺术是最能够发挥人的艺术创造力的，与当代学者研究认定的"书法是中国文化核心之核心"的观点不谋而合。篆刻之风正如赵熙评价盛光伟的那样："一条生活周秦路。"篆刻崇尚三代、秦汉，呈现出浓厚的远古时期的金石气息。

书印社团

作为艺术社团是近现代接受西方文化理念逐渐出现的新事物。但纯粹的书法社团是没有的，而是以书画创作、古董赏鉴等一系列的艺术活动综合出现的。在此之前，书法艺术的组织是围绕个人的社会地位、影响力而自然形成的文化圈子，有点类似艺术沙龙。早期成都的书法影响比较大的是清末民初的“五老七贤”。“五老七贤”是泛指一百年前在四川成都很光耀的一个传统文化群体，他们中有前清状元、进士、举人、知府、翰林、御史,有“一生不做官，桃李满全川”的教育家。他们继承发扬蜀文化的优秀传统，为政者，清廉刚正，循声卓著；为教者，扶掖后学，培育英才。他们德才兼备，经世致用，广植桃李，嘉惠士林，使“蜀学”在国内产生深远影响。主要人物有赵熙、颜楷、骆成骧、方旭、宋育仁、庞石帚、徐子休、林山腴、邵从恩、刘咸荥、曾鉴、吴之英等等。其中以赵熙为代表，集中体现了四川、成都早期书法的最高水平。

“五老七贤”所处的时代，正是我国近现代历史的急剧变革时期，新旧文化的冲突非常激烈，他们以文翰诗墨名扬学林艺坛、著述宏富，如宋育仁《问琴阁丛书》、赵熙《香宋诗词集》、徐炯《霁园丛书》、刘咸荥《静娱楼诗文存》、刘咸炘《推十书》等著述，都具有一定文化学术价值，充分体现出对传统文化精华的坚持与对外来文化的变通。

书印教育研究

赫赫有名的国立四川大学汇集了来自蜀地和全国各地的文化精英。从书法篆刻来讲，尤其以中文、历史两个学科大系，聚集了当时的一大批中华文化的博学鸿儒，如刘咸荥、林山腴、向楚、赵少咸、李培甫、庞俊、刘咸炘、李植等。比较系统而有影响的书法篆刻理论研究专著应当是刘咸炘的《弄翰余沖》。书中总结了清代中后期以来书法的流变及其因缘，他讲“实则华夏艺术书画并重，而书之变化尤多，尤是表现个性。”明确指出表现个性是书法的强项。他们对语言文学、训诂学、文字学、金石学、文献学等的博大精深，并以其言传身教，影响了一代又一代蜀学书风。

向 黄
中国美术家协会会员
四川省书协青少年书法
工作委员会主任兼秘书长
四川戊子书画院特聘艺术家

［清］溥儒 山水扇面
Landscape Fan by Fu Ru from the Modern Times

［现代］黄纯尧 山水扇面
Landscape Fan by Huang Chunyao from the Modern Times

[现代] **阎松父 虎** 长43.5cm 高94cm
Painting of a Tiger by Yan Songfu from the Modern Times
Size:Length 43.5cm Height 94cm

[现代] **吕林 杜甫觅句** 长59cm 高97cm
Painting of Du Fu Deliberating on lines by Lu Lin from the Modern Times
Size:Length 59cm Height 97cm

[现代] **朱佩君 三姐妹合作花卉** 长32cm 高109cm
Painting of Flowers by Zhu Peiju Her Two Sisters from the Modern
Size:Length 32cm Height 109cm

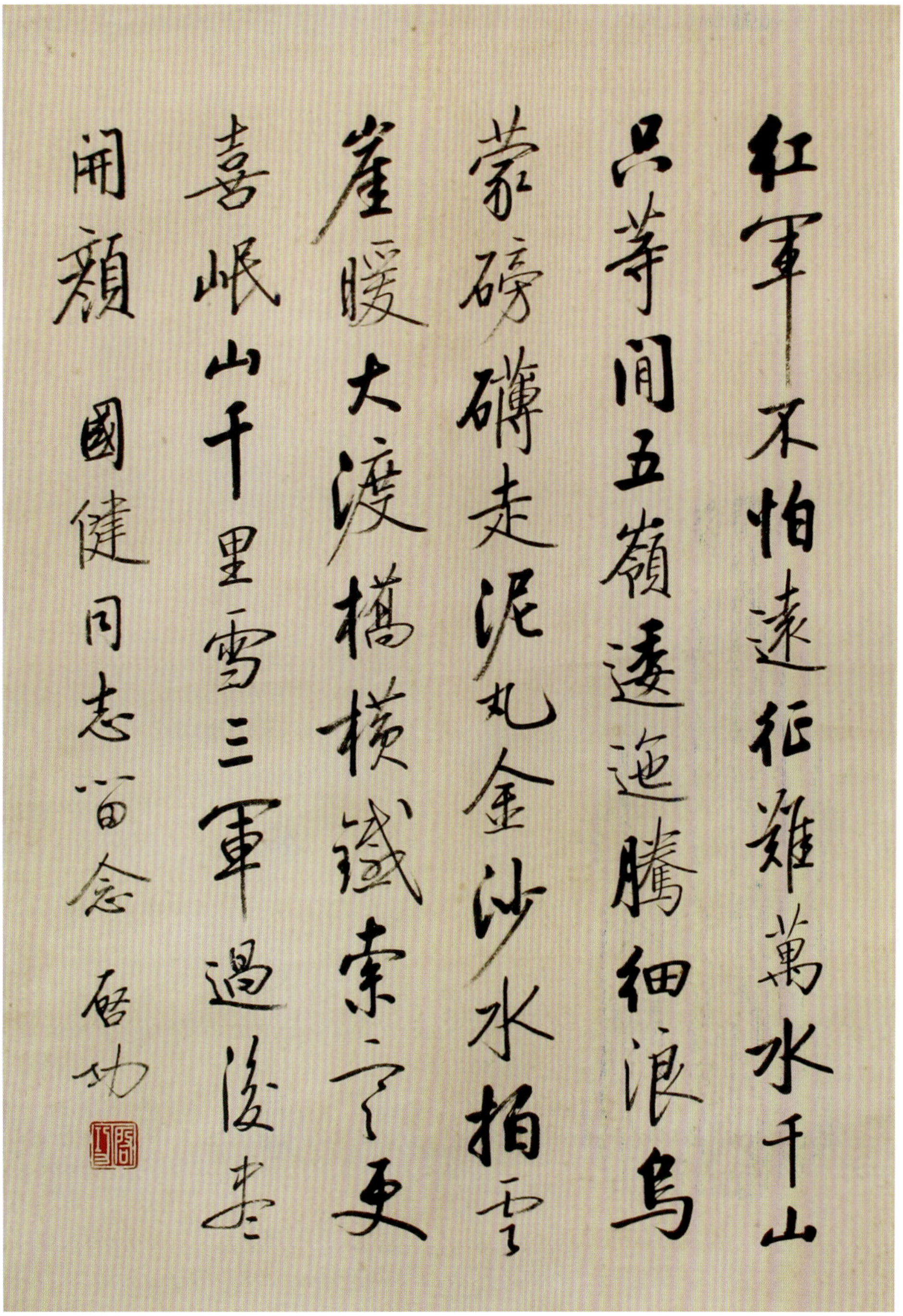

[现代] **启功 书法** 长46cm 高67cm
Calligraphy by Qi Gong from the Modern Times
Size:Length 46cm Height 67cm

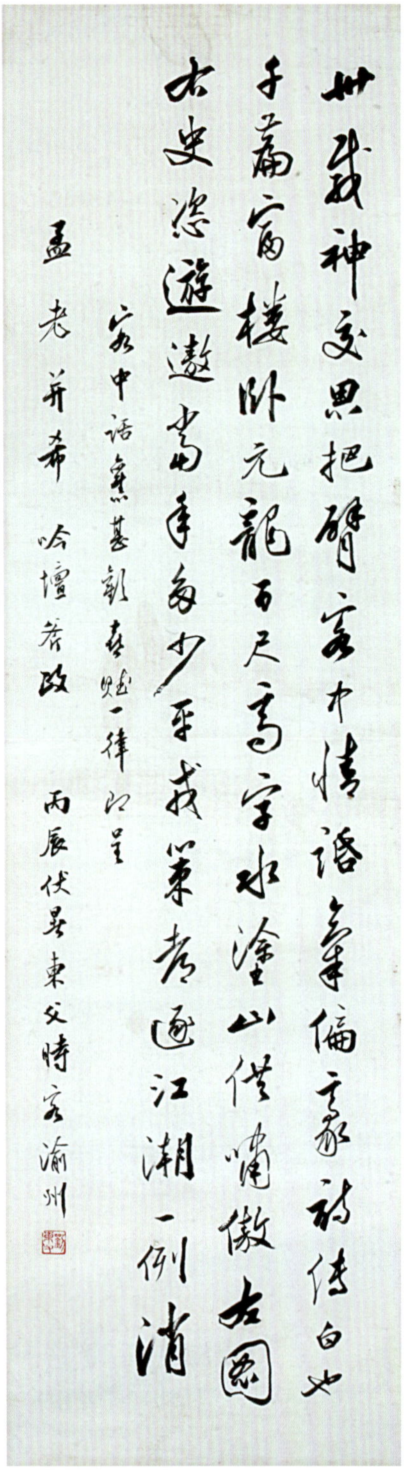

[现代] **刘东父 书法** 长31cm 高115cm
Calligraphy by Liu Dongfu from the Modern Times
Size:Length 31cm Height 115cm

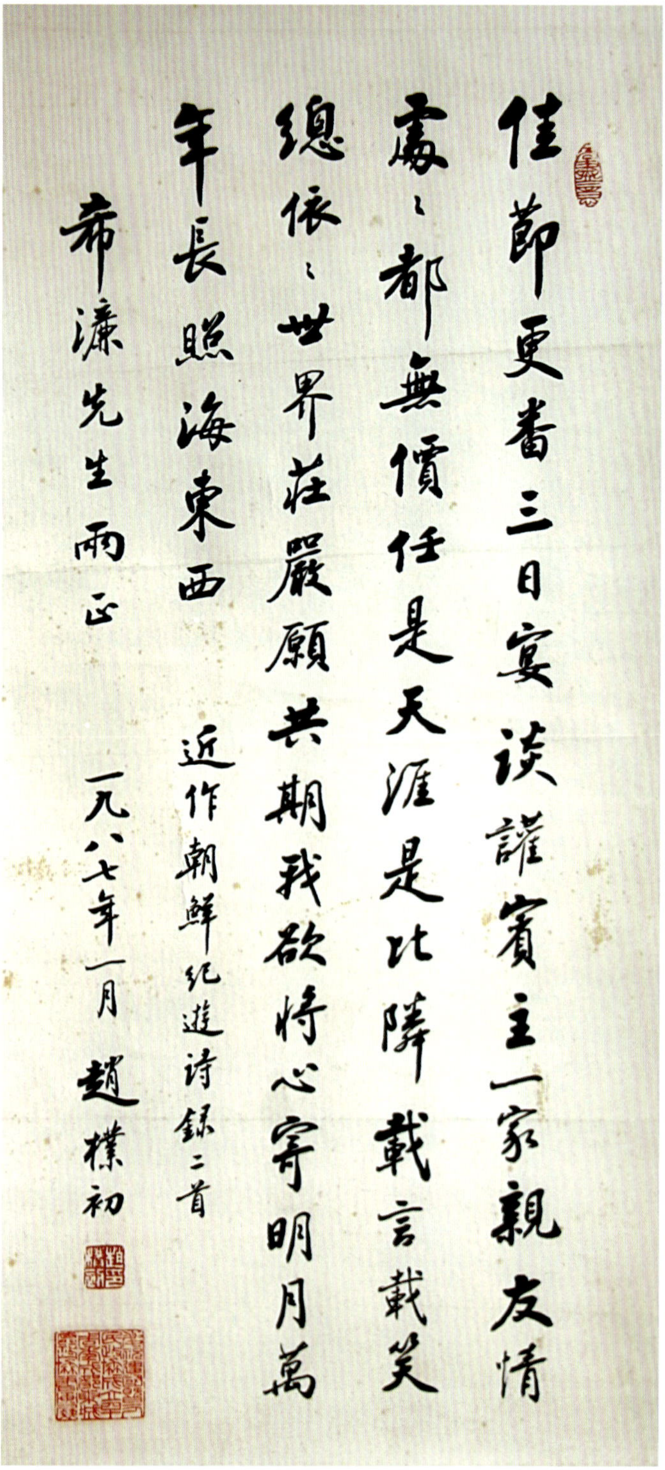

[现代] **赵朴初 书法** 长33cm 高68cm
Calligraphy by Zhao Puchu from the Modern Times
Size:Length 33cm Height 68cm

[现代] **方旭 对联** 长24cm 高166cm
Couplet by Fang Xu from the Modern Times
Size: Length 24cm Height 166cm

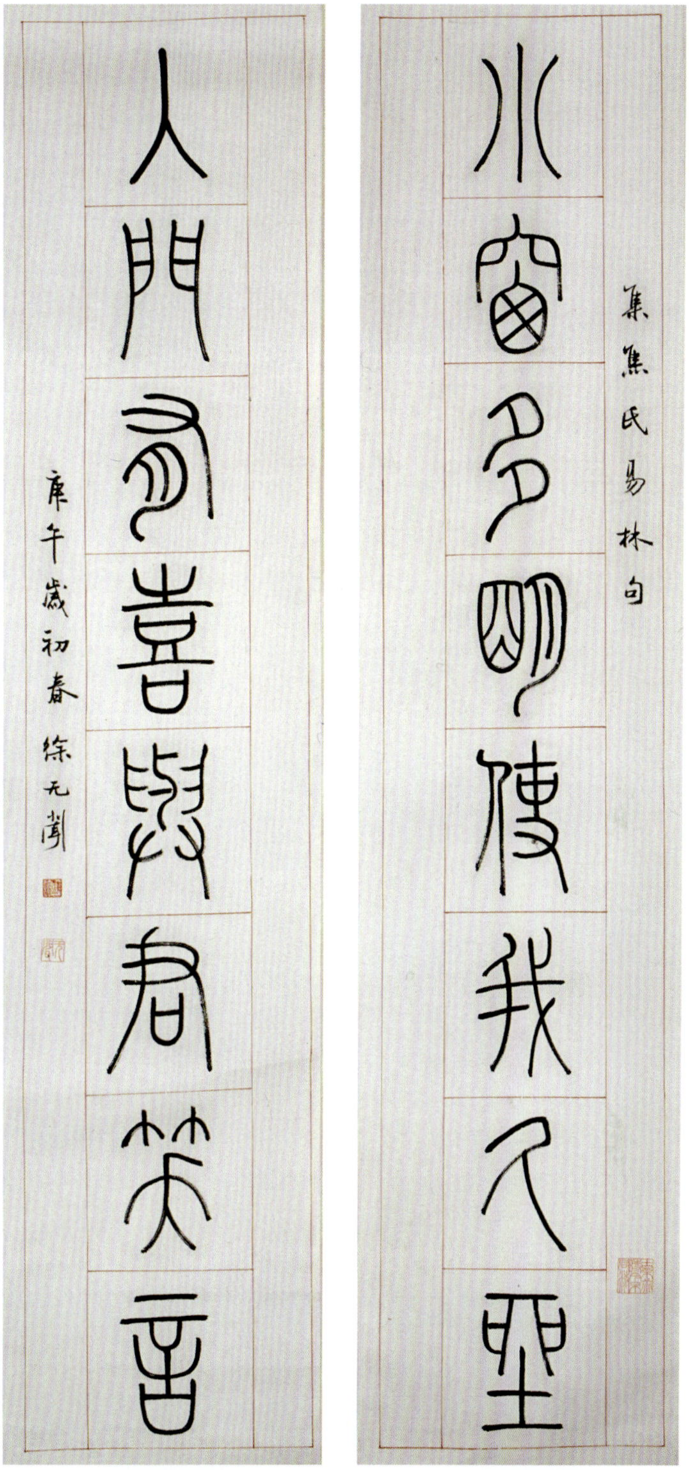

[现代] **徐无闻 对联** 长29cm 高131cm
Couplet by Xu Wuwen from the Modern Times
Size:Length 29cm Height 131cm

［现代］**关山月 黎雄才 梅花** 长63cm 高130cm
Painting of Plum Blossom by Guan Shanyue and Li Xiongcai from the Modern Times
Size:Length 63cm Height 130cm

[现代] **王雪涛 猴戏** 长31cm 高40cm
Painting of Monkey Trick by Wang Xuetao from the Modern Times
Size:Length 31cm Height 40cm

[现代] **陈丹青 油画** 长178cm 高115cm
Oil Painting by Chen Danqing from the Modern Times
Size:Length 178cm Height 115cm

图中藏文为：坚决拥护党中央打倒反党集团“四人帮”
The meaning of the Tibetan characters in the painting: resolutely support the Party Central Committee to overthrow the anti-party group — the Gang of Four

[现代] **陈仲年 油画** 长46cm 高31cm
Oil Painting by Chen Zhongnian from the Modern Times
Size:Length 46cm Height 31cm

[现代] **陈仲年 油画 人体** 长54cm 高84cm
Oil Painting of Human Body by Chen Zhongnian from the Modern Times
Size:Length 54cm Height 84cm

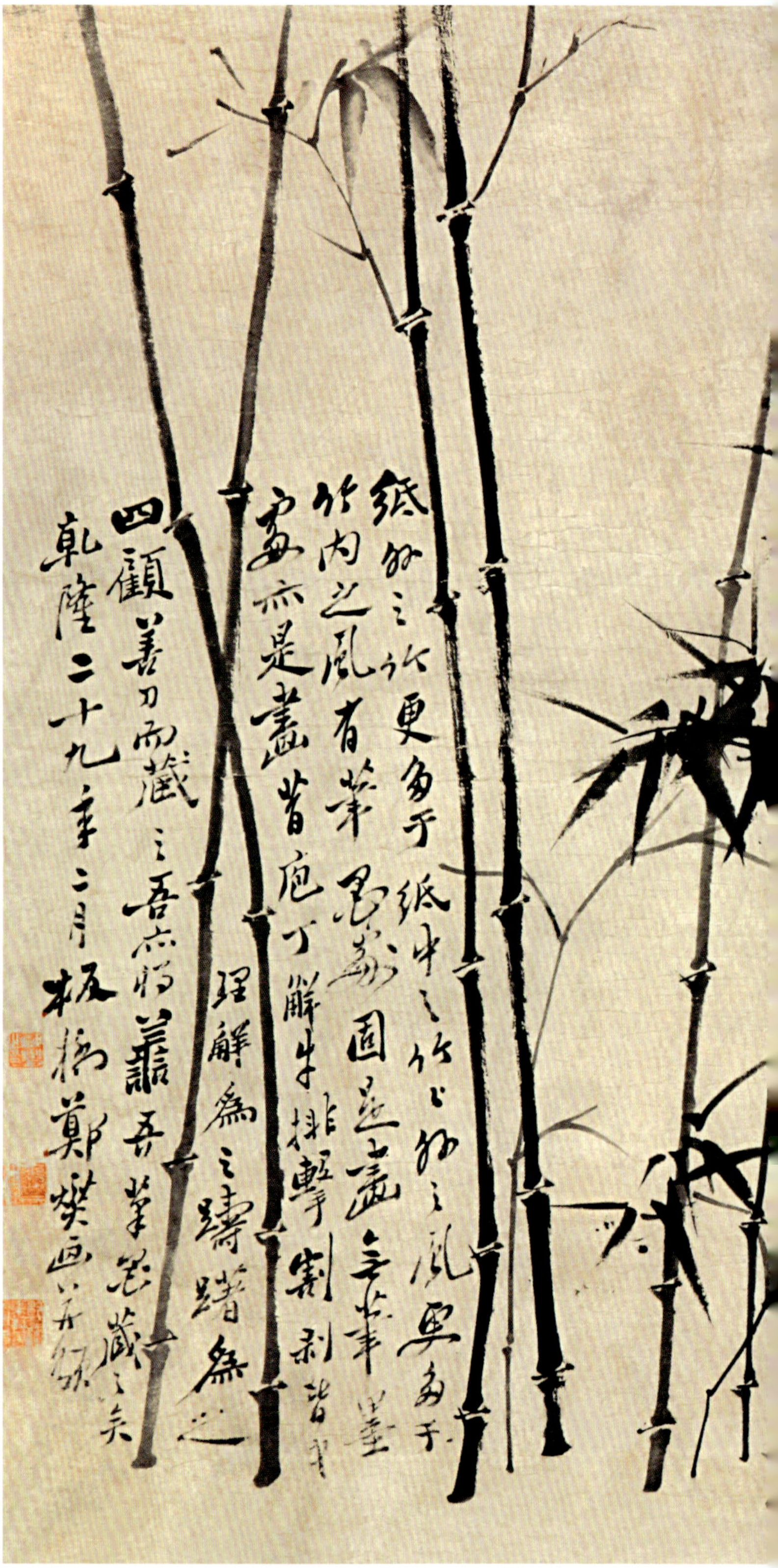

[清] **郑燮 墨竹** 长136.5cm 高96.5cm
Ink Painting of Bamboo by Zheng Xie from the Qing Dynasty
Size:Length 136.5cm Height 96.5cm

[现代] **齐白石 九秋图** 长444.3cm 高38.6cm
Scroll Painting of Late Autumn by Qi Baishi from the Modern Times
Size:Length 444.3cm Height 38.6cm

局部 Partial

九秋圖
與公仁弟属丙子兄璜来成都製

[清] **石涛 山水** 长32.3cm 高309.5cm
Landscape Painting by Shi Tao from the Qing Dynasty
Size: Length 32.3cm Height 309.5cm

[现代] **新凤霞 红梅** 长33cm 高65cm
Painting of Red Plum Blossom by Xin Fengxia from the Modern Times
Size:Length 33cm Height 65cm

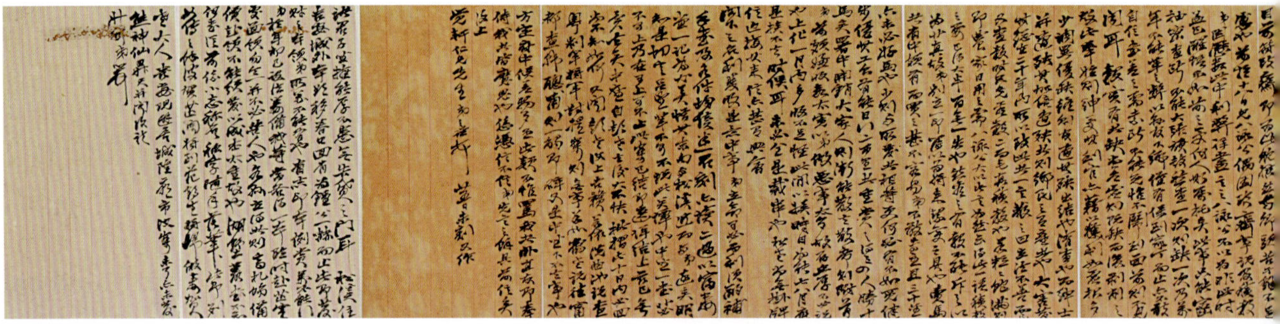

[清] **赵之谦 书法手札** 长12cm 高22cm
Calligraphy Letters by Zhao Zhiqian from the Qing Dynasty
Size:Length 12cm Height 22cm

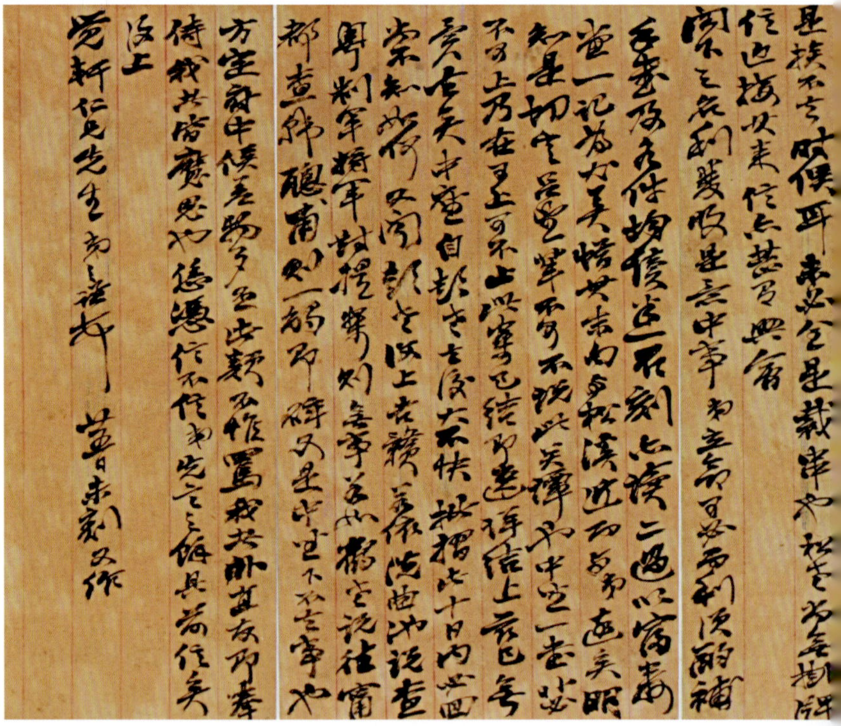

局部 Partial

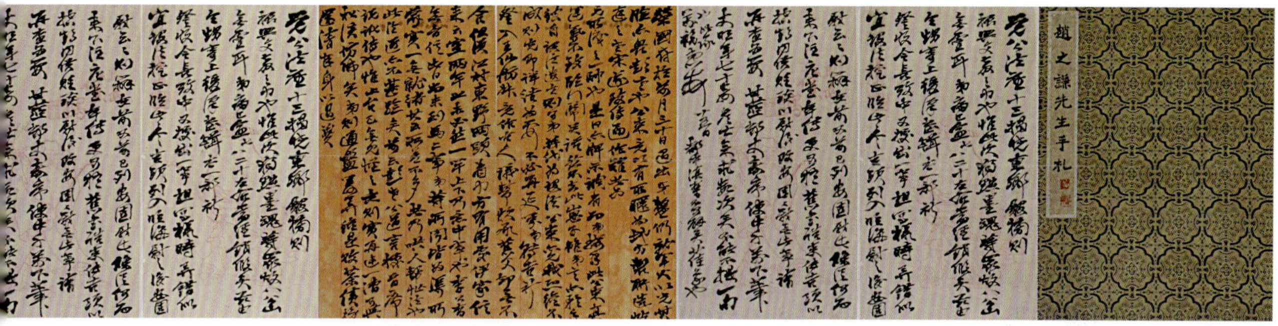
趙之謙先生手札

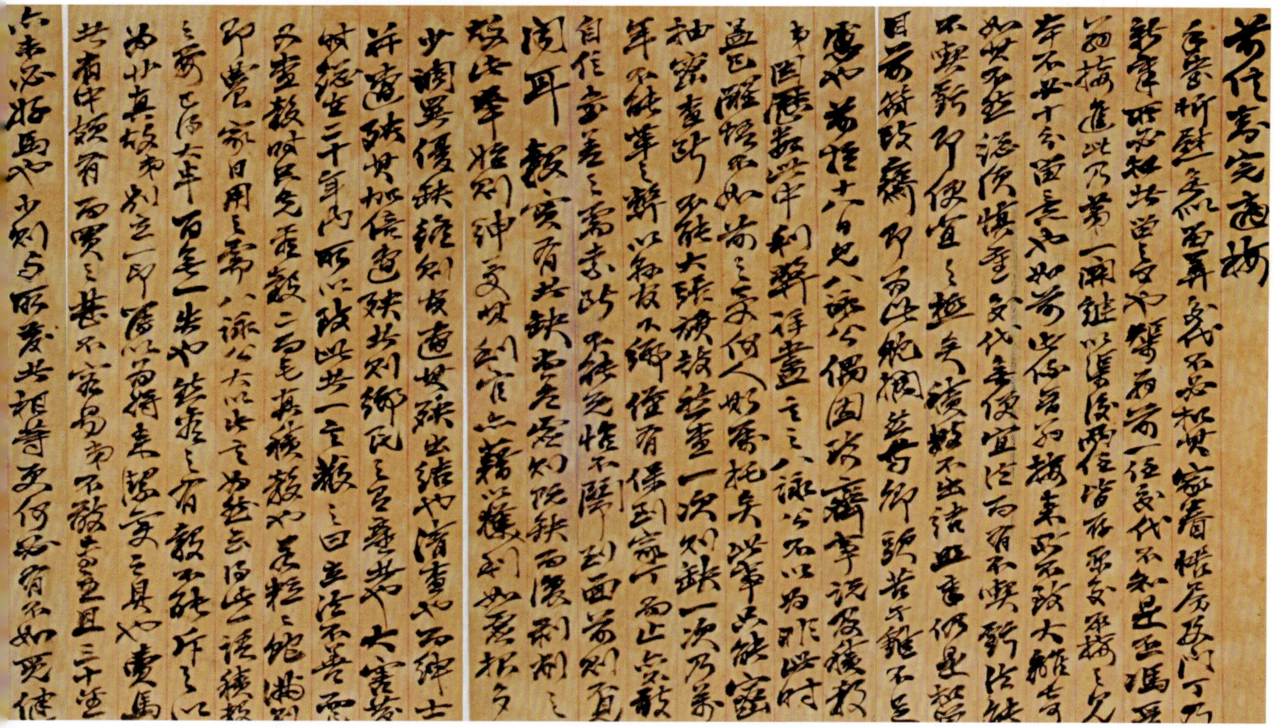

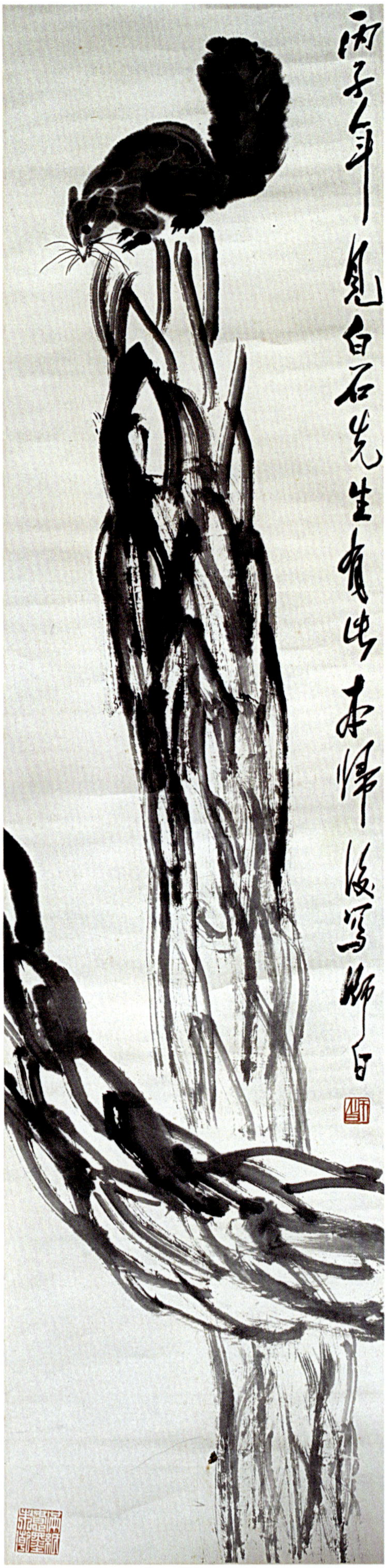

[现代] **娄师白 松鼠** 长33cm 高135cm
Painting of a Squirrel by Lou Shibai from the Modern Times
Size:Length 33cm Height 135cm

[清] **吴昌硕 贵寿神仙**
长27.5cm 高134cm
Painting of Longevity and Immortality by Wu Changshuo from the Qing Dynasty
Size:Length 27.5cm Height 134cm

[清] **王绍臣 贵子** 长48cm 高96cm
Painting of Children by Wang Shaochen from the Qing Dynasty
Size:Length 48cm Height 96cm

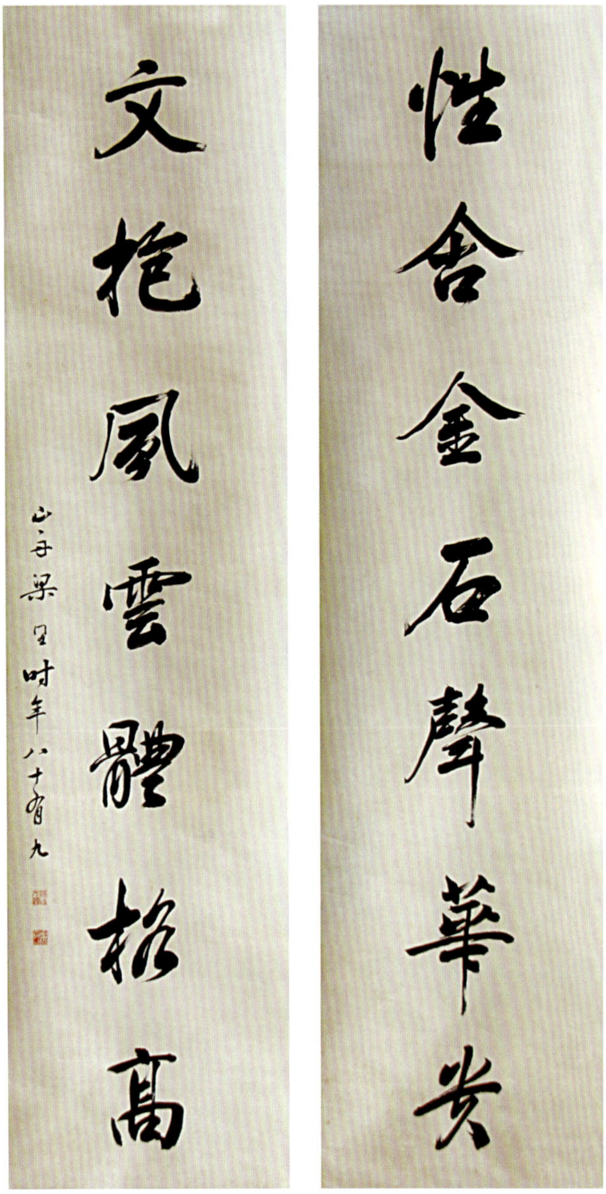

[清] **梁同书 对联** 长37cm 高132cm
Couplet by Liang Tongshu from the Qing Dynasty
Size:Length 37cm Height 132cm

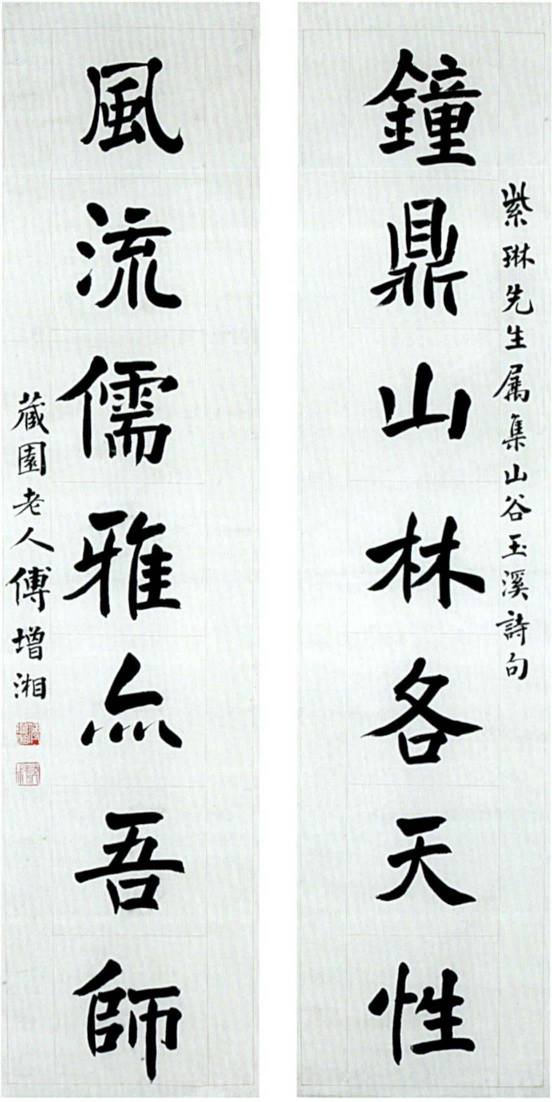

[现代] **傅增湘 对联** 长28.5cm 高123cm
Couplet by Fu Zengxiang from the Modern Times
Size:Length 28.5cm Height 123cm

[清] **龚晴皋 翠柳迎风** 长50cm 高180cm
Painting of Willow in the Wind by
Gong Qinggao from the Qing Dynasty
Size:Length 50cm Height 180cm

[清] **郭尚先 山水** 高103cm 长43cm
Landscape Painting by Guo Shangxian from
the Qing Dynasty
Size:Length 103cm Height 43cm

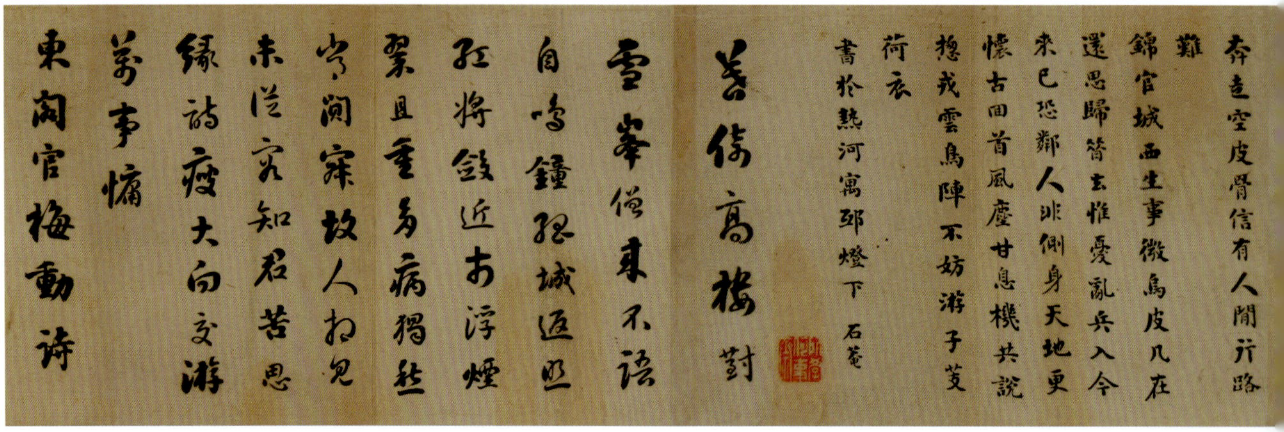

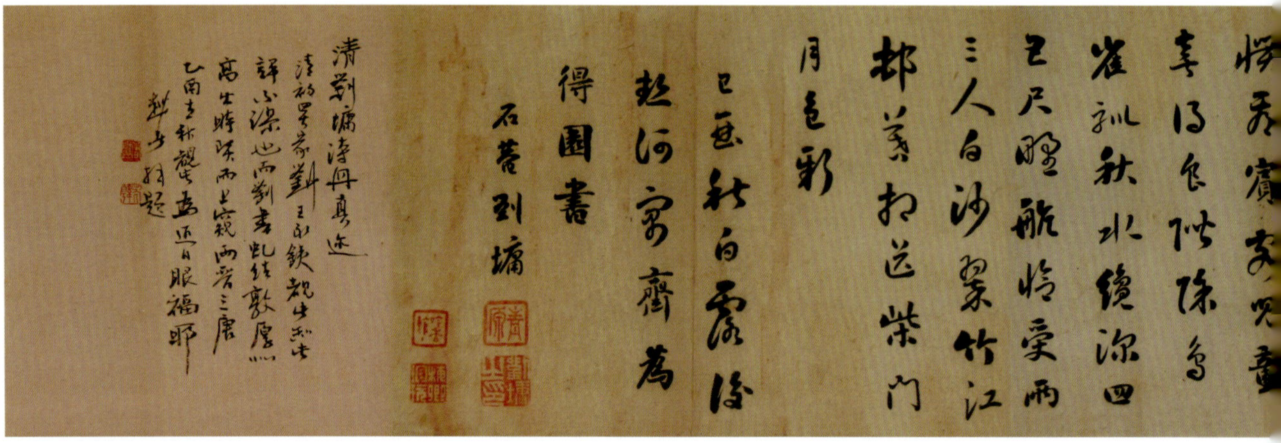

[清] 刘墉 书法册页 长7cm 高25cm
Calligraphy Album by Liu Yong from the Qing Dynasty
Size:Length 7cm Height 25cm

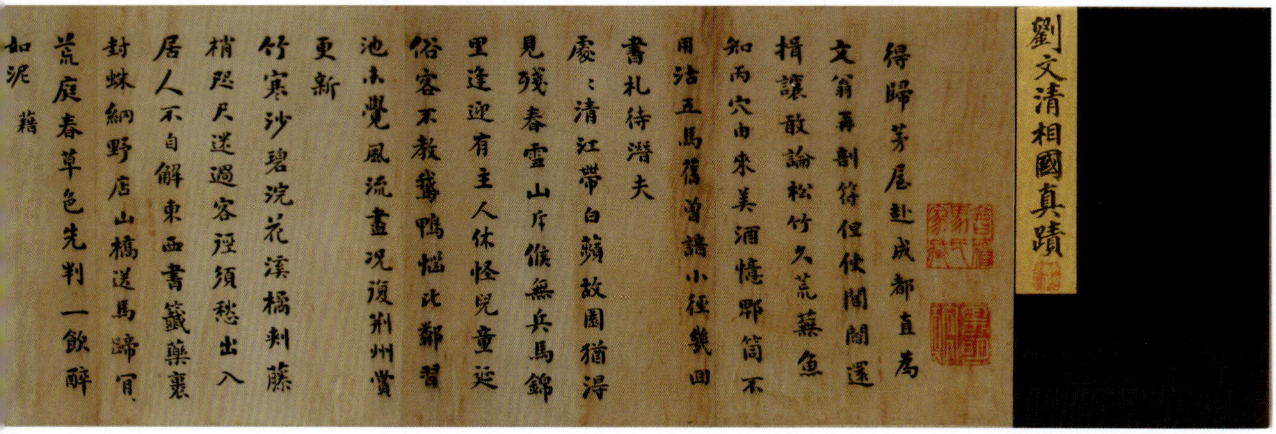
劉文清相國真蹟

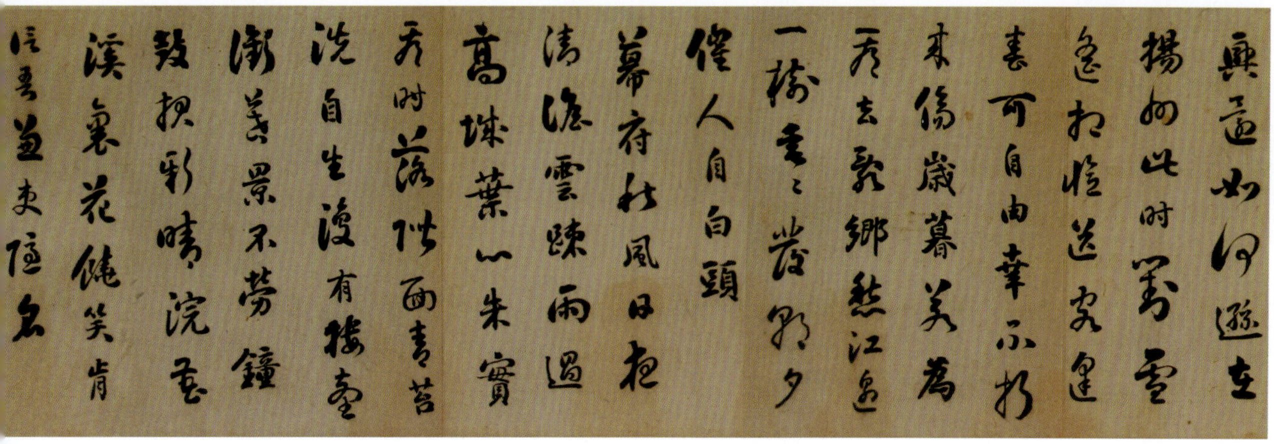

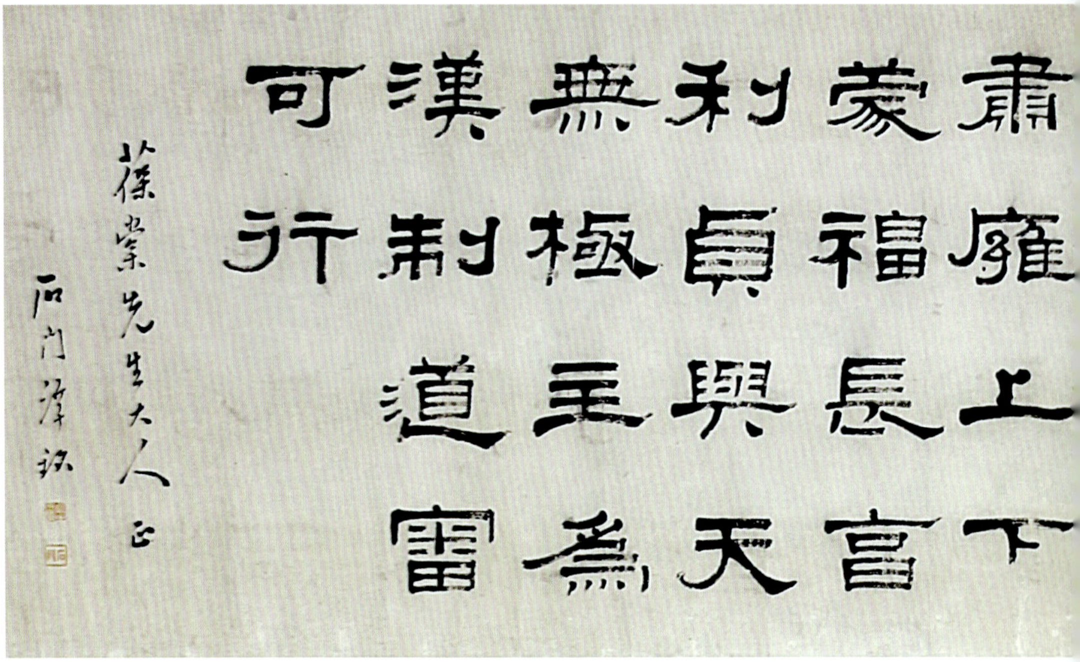

[清] **谭铭 隶书** 长46cm 高174cm
Official Script by Tan Ming from the Qing Dynasty
Size:Length 46cm Height 174cm

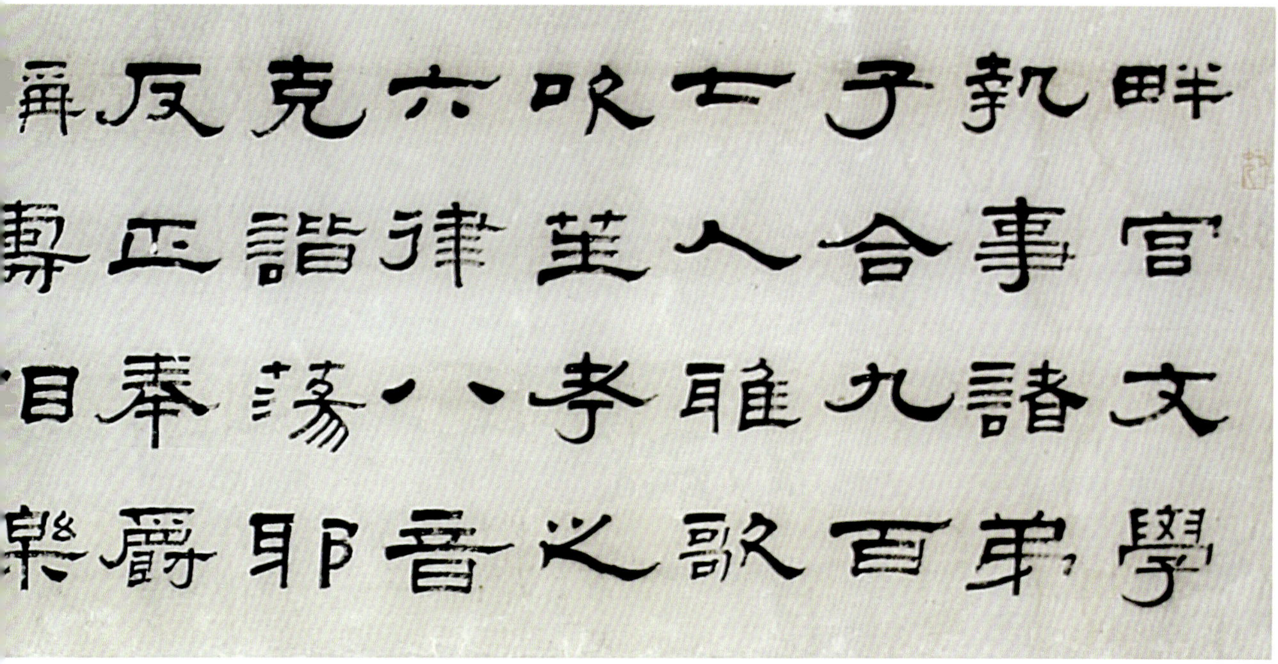

［清］**李沽 山水** 长39cm 高49.5cm
Landscape Painting by Li Gu from the Qing Dynasty
Size:Length 39cm Height 49.5cm

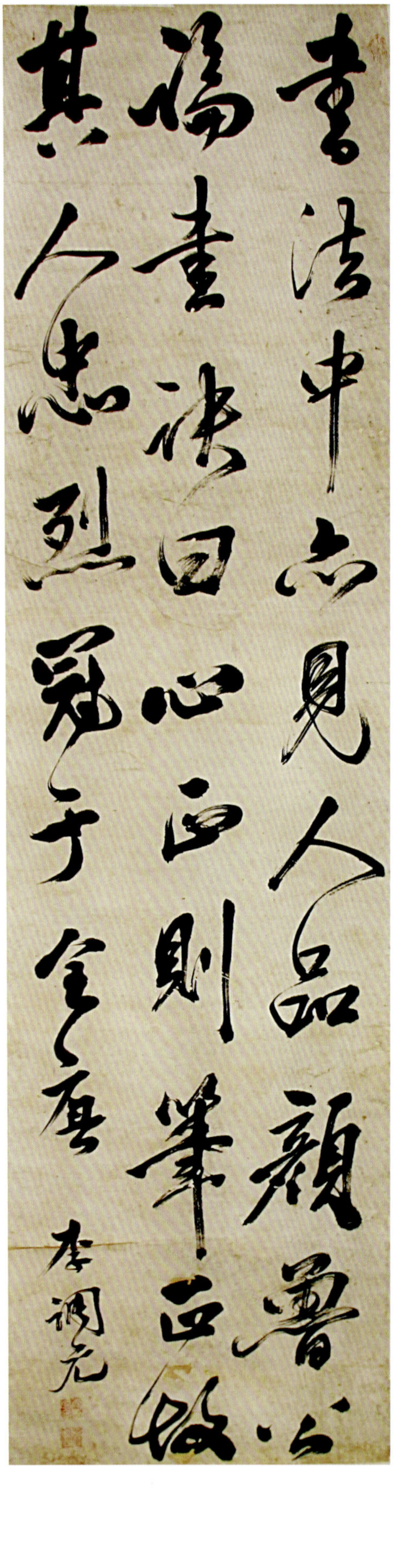

[清] **李调元 书法** 长35cm 高133cm
Calligraphy by Li Tiaoyuan from the Qing Dynas
Size:Length 35cm Height 133cm

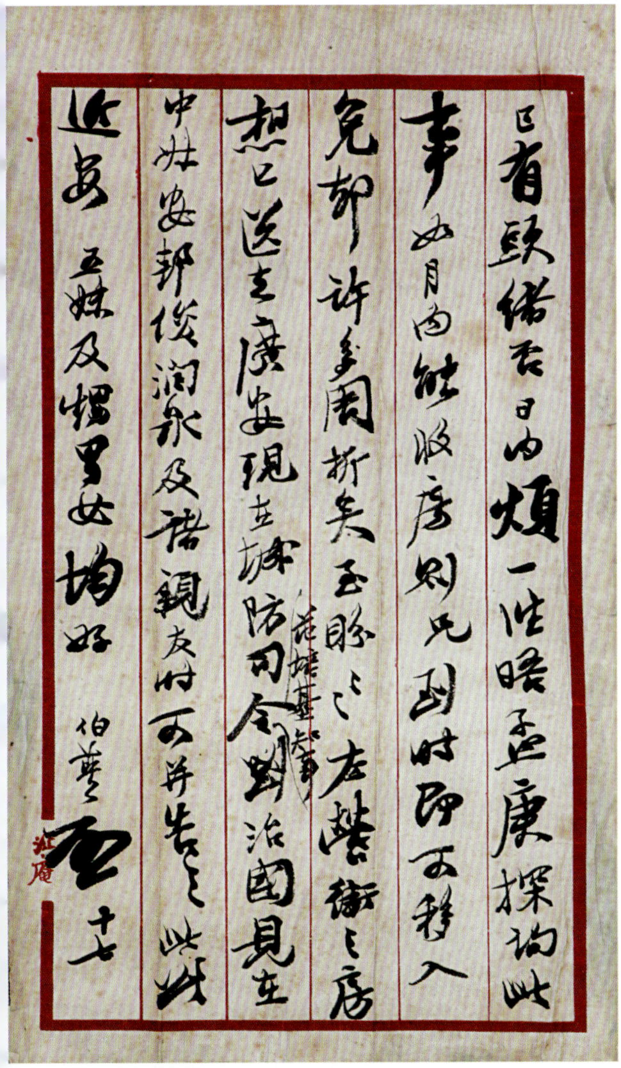

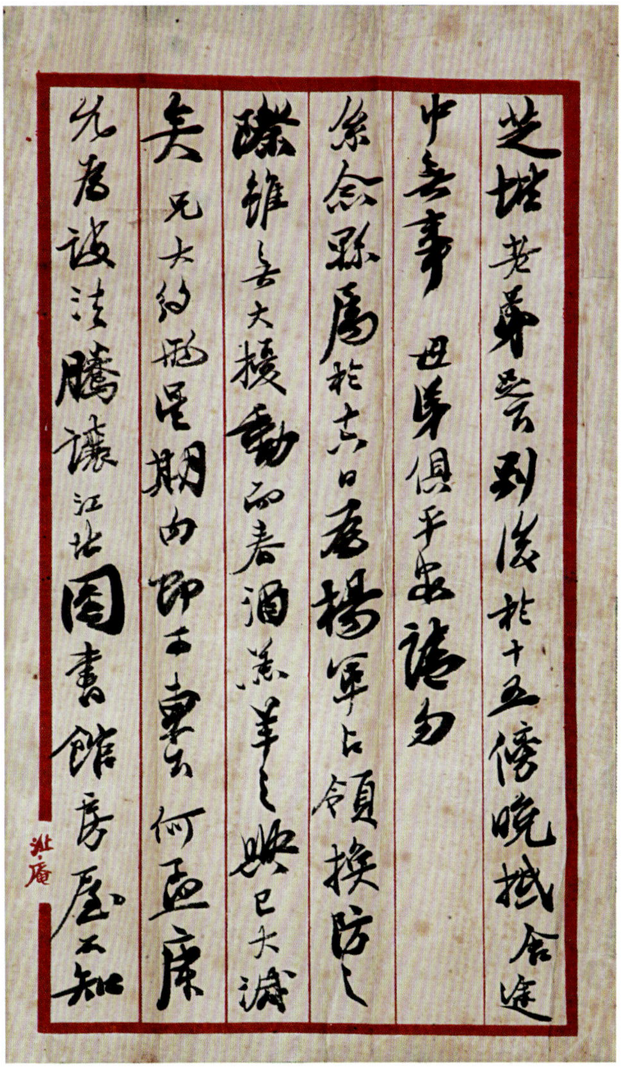

[清] **蒲伯英 信札** 长23cm 宽13.5cm
Letters by Pu Boying from the Qing Dynasty
Size:Length 23cm Height 13.5cm

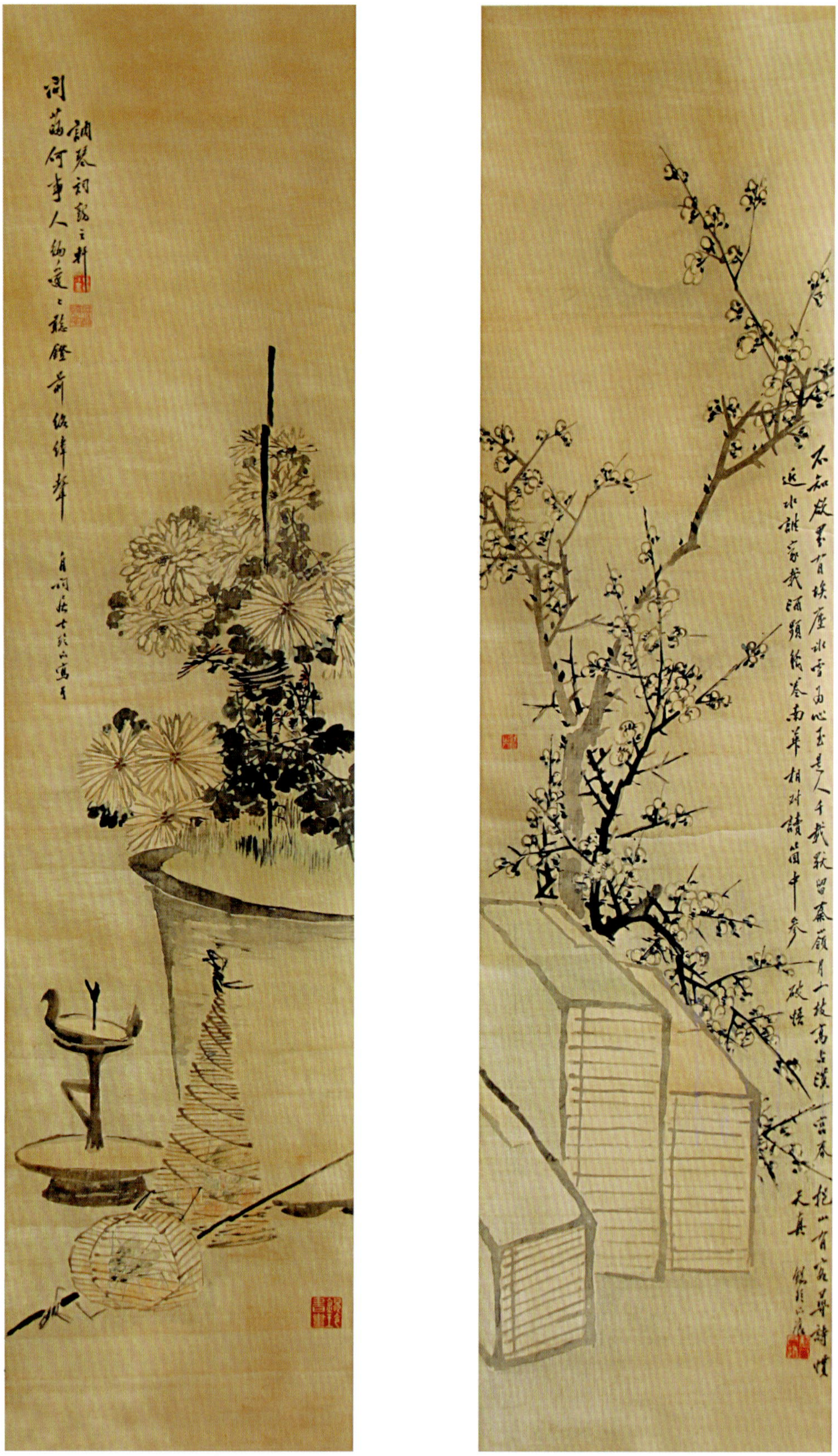

[清] **刘锡铃 绢本手指画 屏** 长39cm 高158cm
Finger Painting on Silk Scroll Screens by Liu Xiling from the Qing Dynasty
Size: Length 39cm Height 158cm

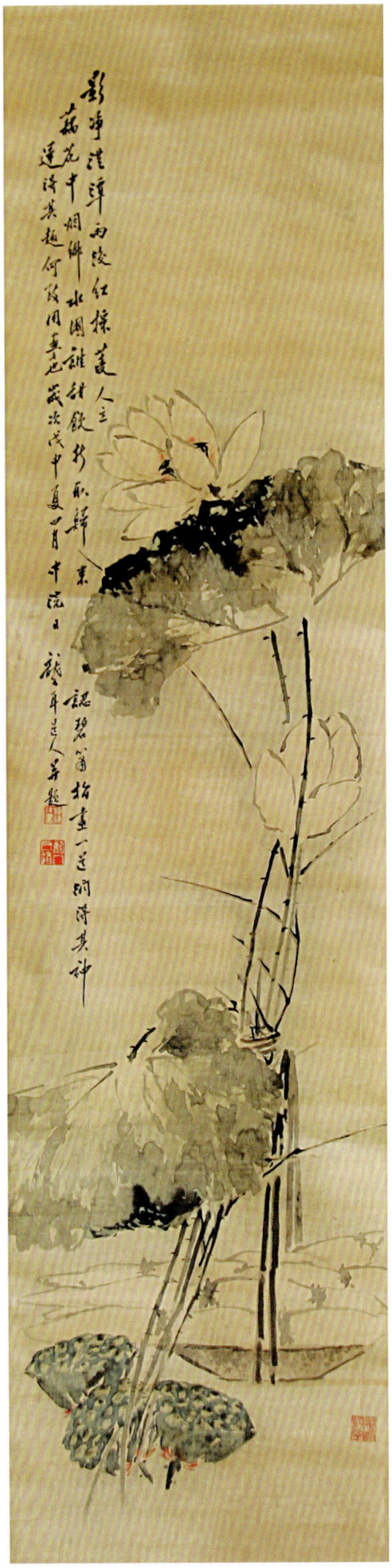

［现代］**马晋 骏马** 长172cm 高240cm
Painting of Horse by Ma Jin from the Modern Times
Size:Length 172cm Height 240cm

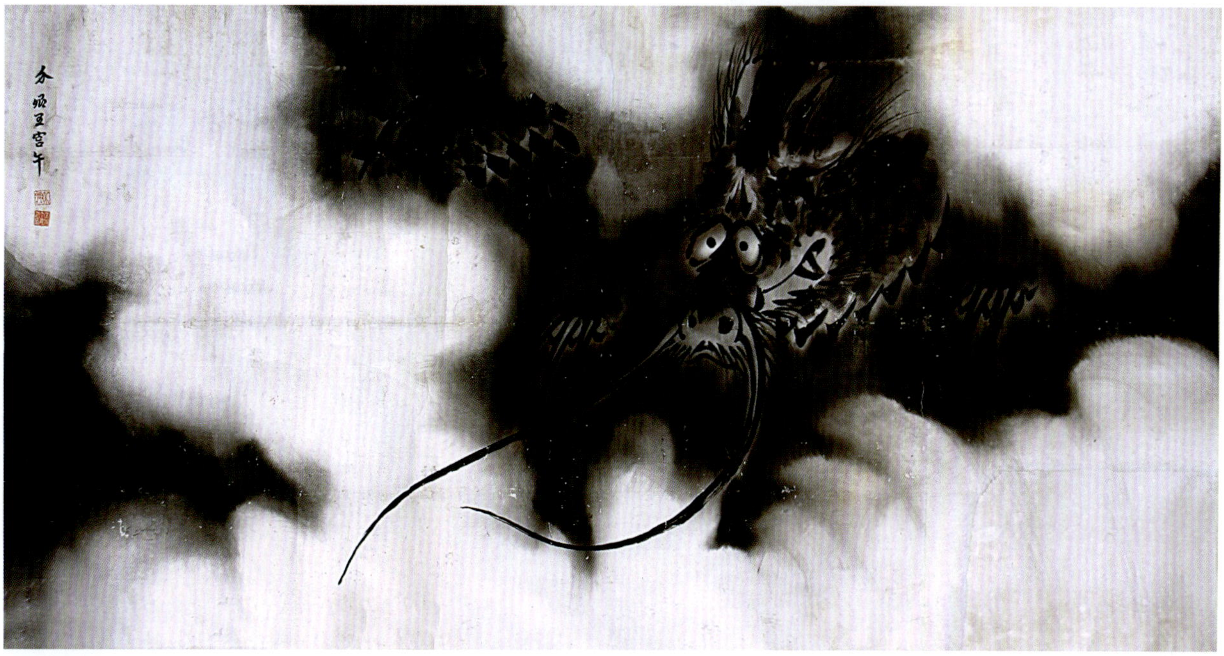

[清] **王宫午 墨龙** 长174cm 高95cm
Ink Painting of Dragon by Wang Gongwu from the Qing Dynasty
Size:Length 174cm Height 95cm

[现代] **李苦禅 江湖可宿** 长40.5cm 高64.5cm
Painting of Birds in the Wetland by
Li Kuchan from the Modern Times
Size:Length 40.5cm Height 64.5cm

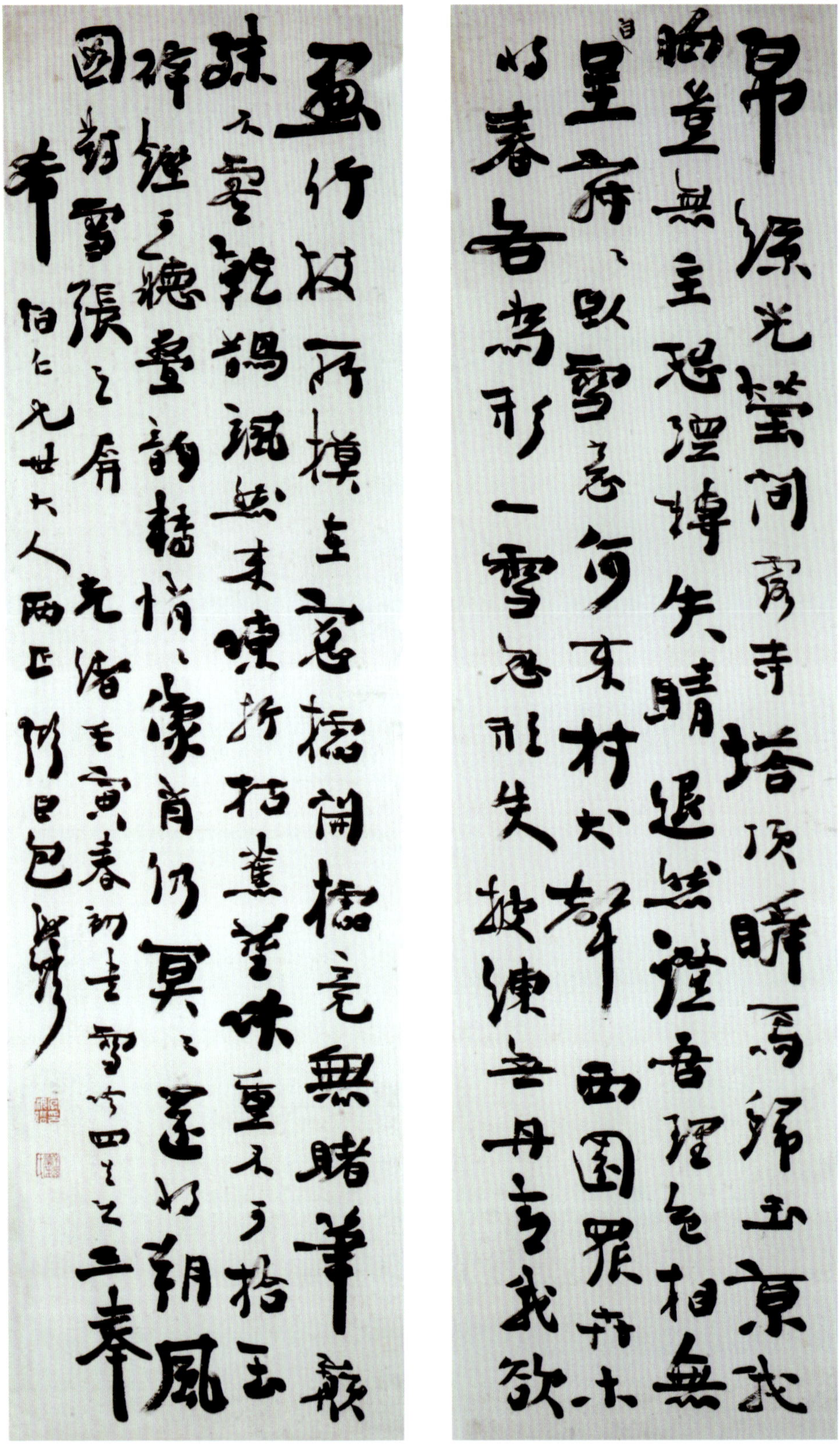

[清] 包弼臣 书法 屏 长47.5cm 高176cm
Callgraphy Screens by Bao Bichen from the Qing Dynasty
Size:Length 47.5cm Height 176cm

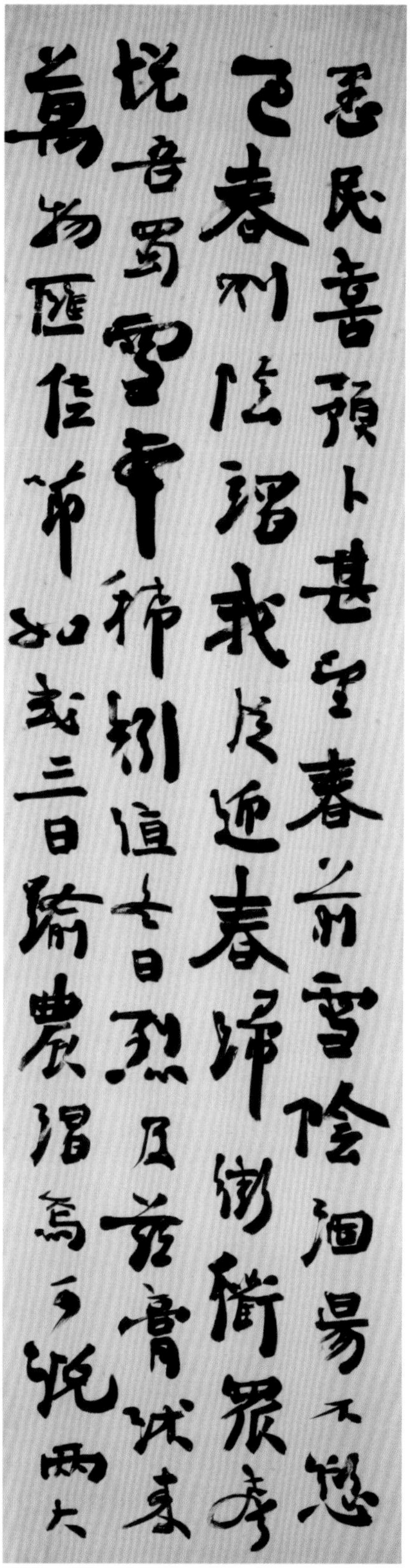

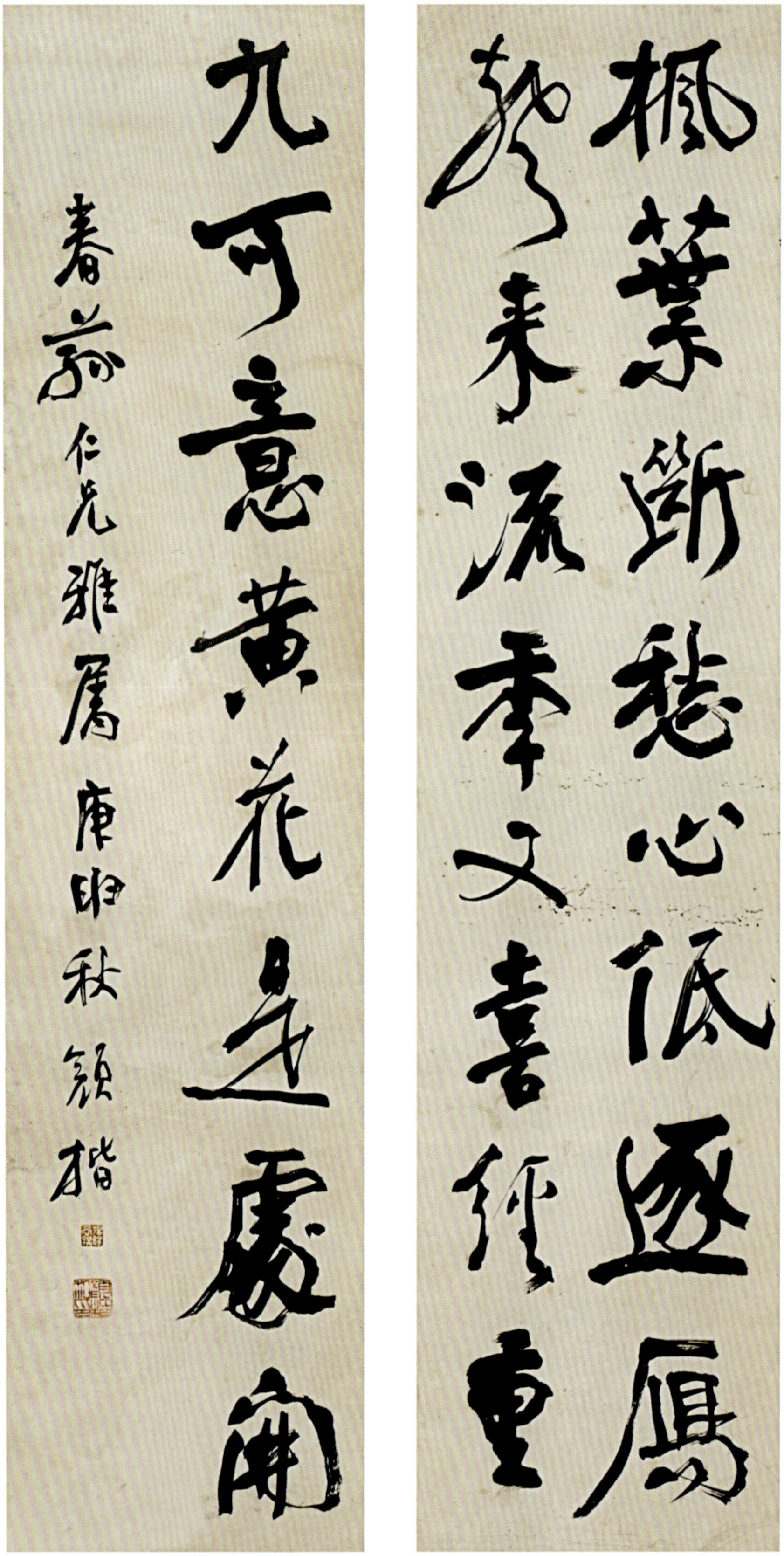

[清] 颜楷 书法屏 长33cm 高138cm
Callgraphy Screens by Yan Kai from the Qing Dynasty
Size:Length 33cm Height 138cm

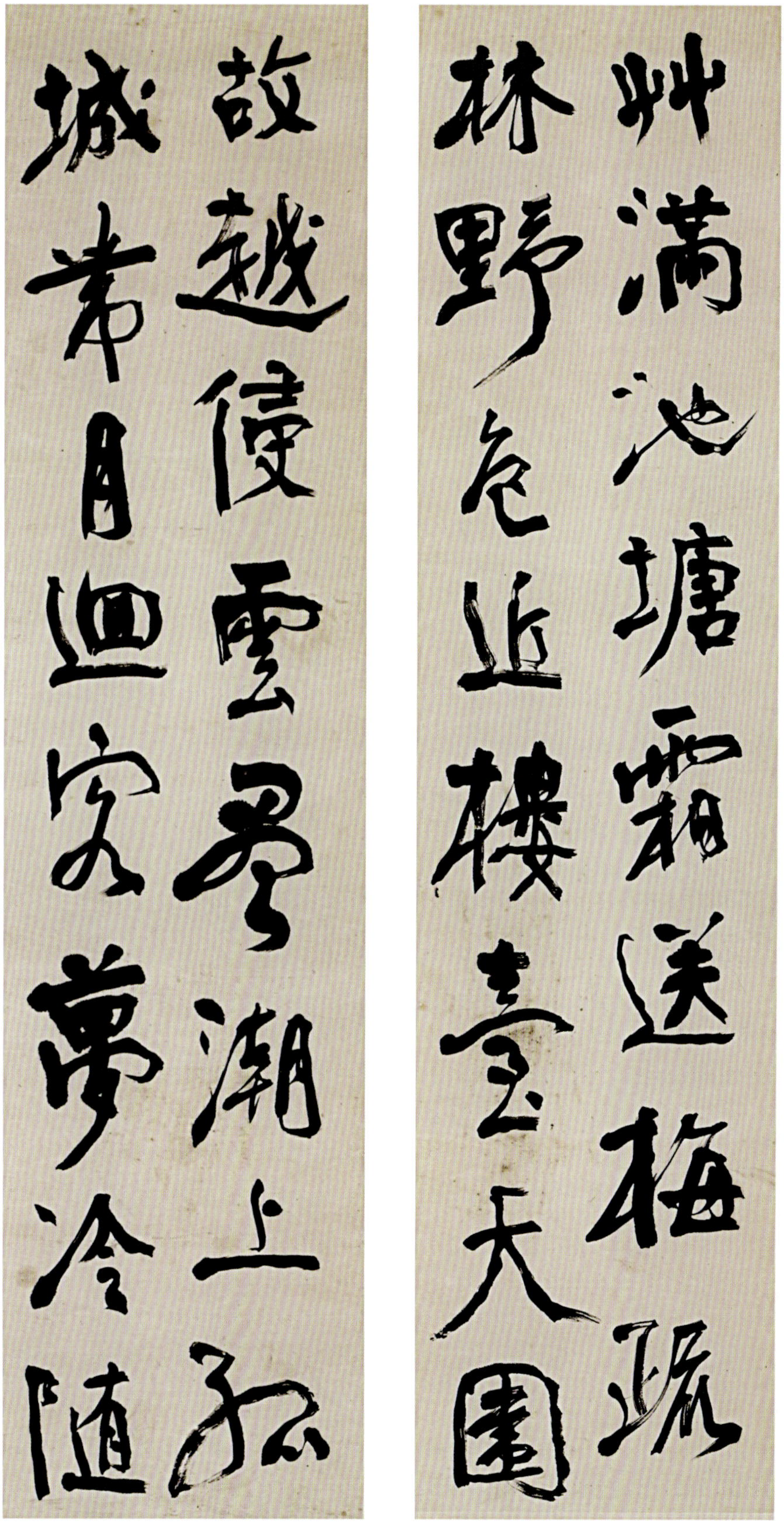

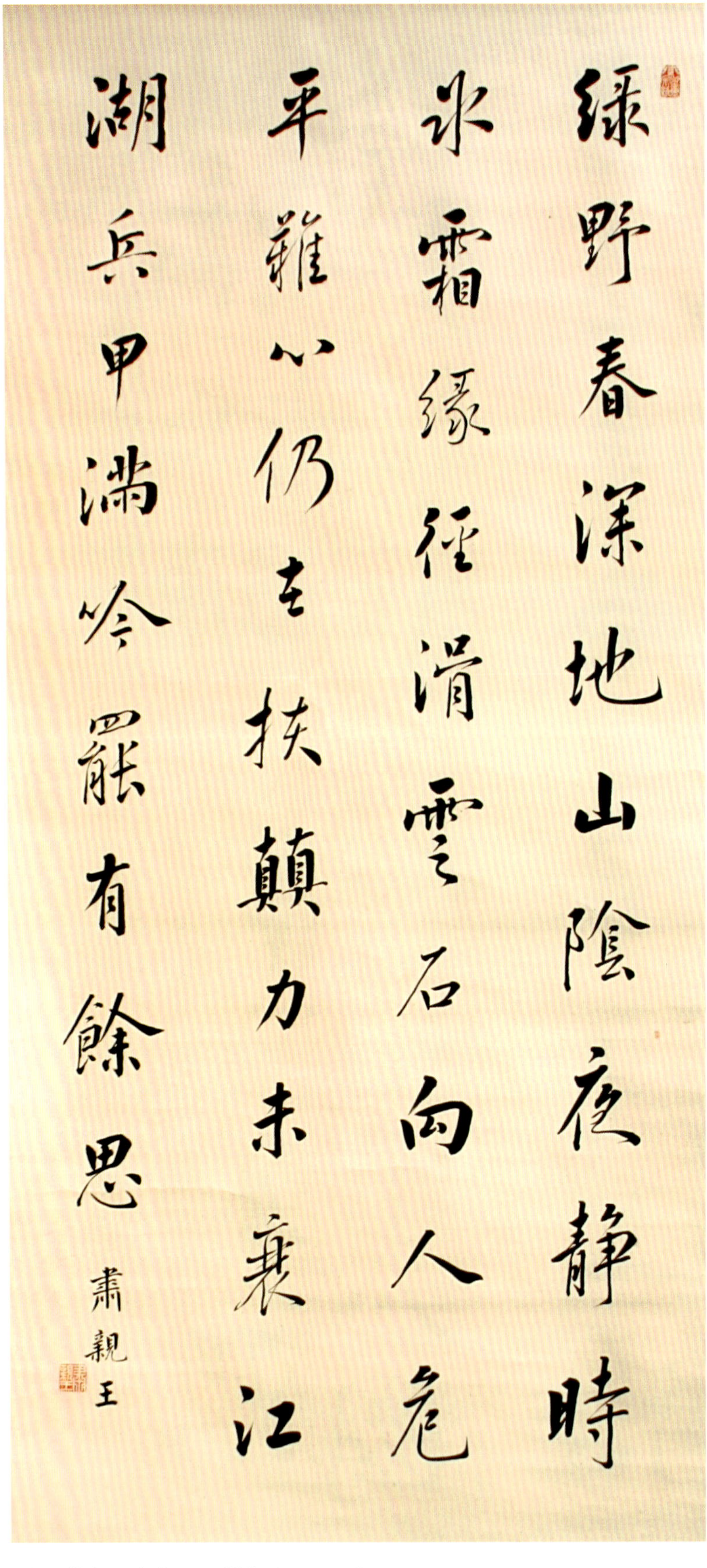

[清] **善耆（肅亲王）书法** 长62cm 高132cm
Calligraphy by Shan Qi (Prince Su) from the Qing Dynasty
Size:Length 62cm Height 132cm

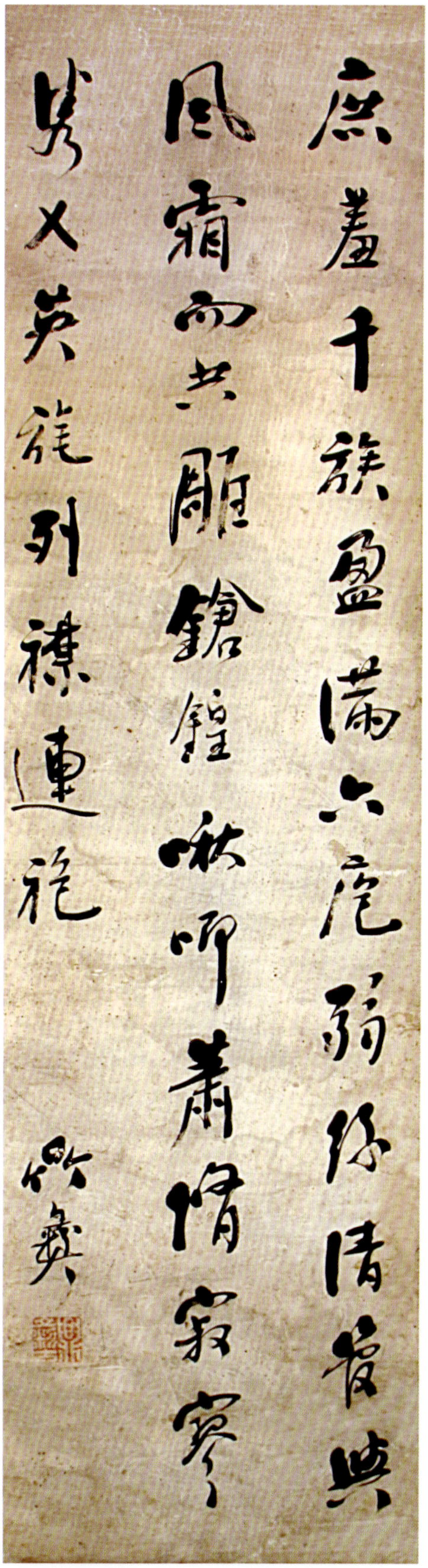

[清] **鼎彝 书法** 长39cm 高144cm
Calligraphy by Ding Yi from the Qing Dynasty
Size:Length 39cm Height 144cm

[清] **竹禅 观琴** 长88cm 高156cm
Painting of Appreciating a Guzheng by Zhu Chan from the Qing Dynasty
Size:Length 88cm Height 156cm

[清] **顾沄 暮色如烟** 长31cm 宽138cm
Painting of Smoky Twilight by
Gu Yun from the Qing Dynasty
Size:Length 31cm Height 138cm

[清] **胡公寿 山水** 长41cm 宽160cm
Landscape Painting by Hu Gongshou from
the Qing Dynasty
Size:Length 41cm Height 160cm

[清] **戴以恒 山水屏** 长39cm 高111cm
Landscape Painting Screens by Dai Yiheng from the Qing Dynasty
Size: Length 39cm Height 111cm

［清］**朱昂之 大龙湫写生** 长36cm 高139.5cm
Painting from Life in Da Longqiu by
Zhu Angzhi from the Qing Dynasty
Size:Length 36cm Height 139.5cm

［清］**王恩隆 秋夜读书** 长31cm 高129cm
Painting of Reading in an Autumn Night by Wang Enlong from the Qing Dynasty
Size:Length 31cm Height 129cm

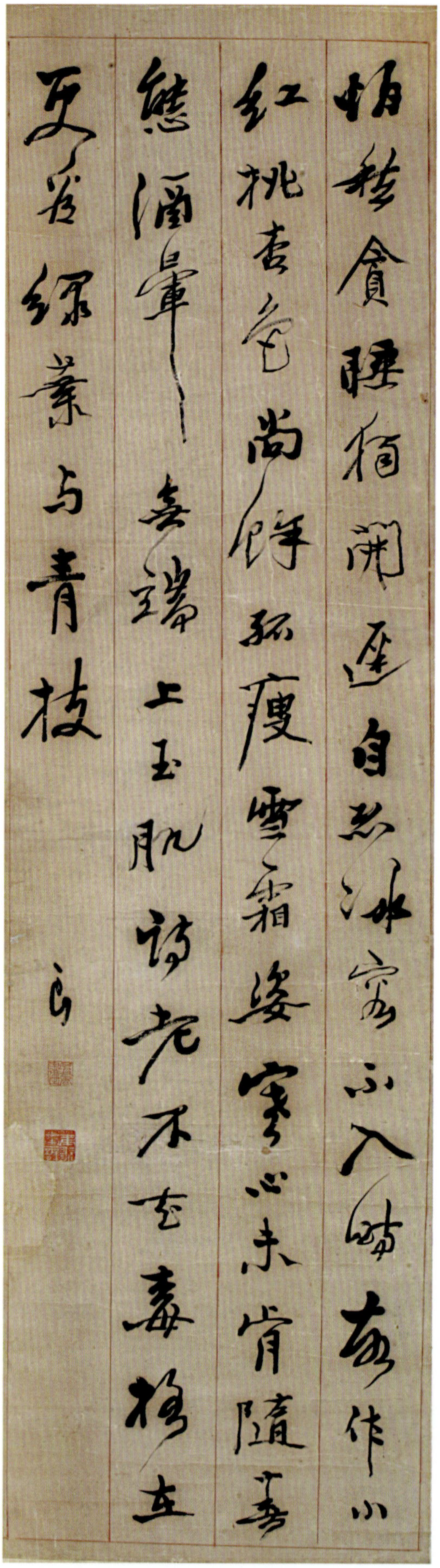

[清] **胡石波 书法** 长31.5cm 高113.5cm
Calligraphy by Hu Shibo from the Qing Dynasty
Size:Length 31.5cm Height 113.5cm

[清] **朱士林 对联** 长23.5cm 高130cm
Couplet by Zhu Shilin from the Qing Dynasty
Size:Length 23.5cm Height 130cm

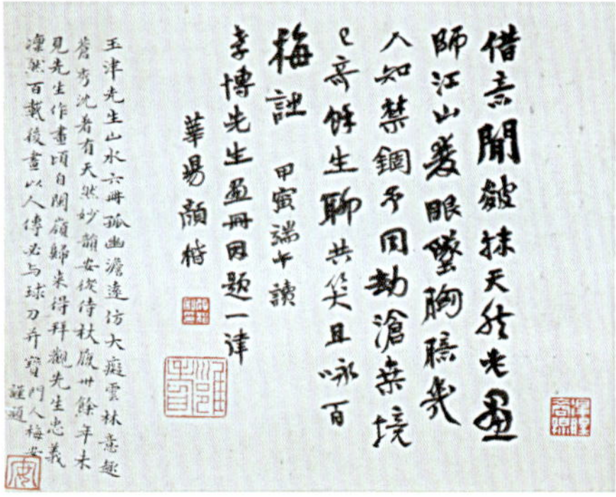

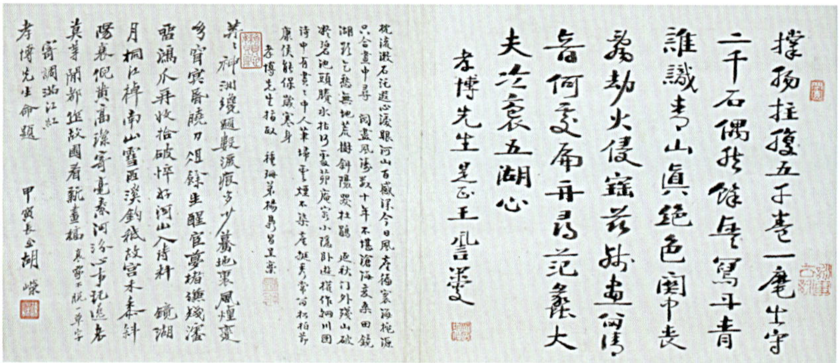

[清] **胡微元 山水册页及诸题跋** 长23cm 高27.5cm

Landscape Album and Annotations by Hu Weiyuan from the Qing Dynasty

Size:Length 23cm Height 27.5cm

灞陵雨過

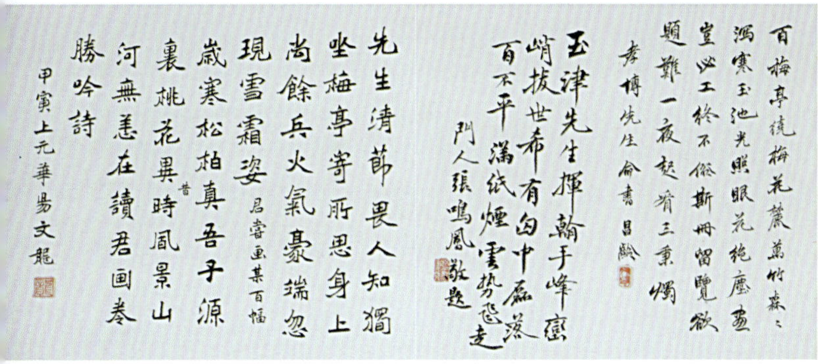
百梅亭繞梅花蘸萬竹森森
洒寫玉池光照眼花绝塵畫
豈必工終不俗斯册留覽欲
題難一夜起看三重燭
孝博先生命書 昌齡
玉津先生揮翰手峰巒
峭拔世希有向中磊落
百不平滿紙煙雲勢恐走
門人張鳴鳳敬題
先生清節畏人知獨
坐梅亭寄所思身上
尚餘兵火氣豪端忽
現雪霜姿
歲寒松柏真吾子源
裏桃花異時風景山
河無恙在讀君画卷
勝吟詩
甲寅上元華陽文龍

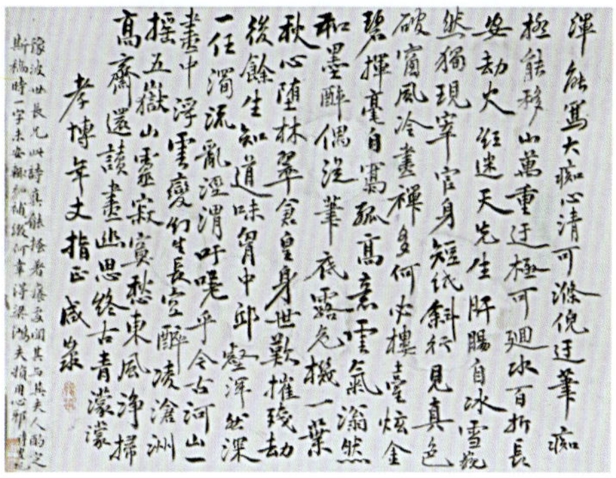

[清] **王润 花鸟屏** 长38cm 高138cm
Flowers and birds Painting Screens by Wang Run from the Qing Dynasty
Size:Length 38cm Height 138cm

[现代] **冯建吴 兰石** 长40cm 高102.5cm
Painting of Orchid and Stones by Feng Jianwu from the Modern Times
Size:Length 40cm Height 102.5cm

［唐］**李贞墓誌盖** 长60cm 高60cm
Epitaph Cover of Li Zhen from the Tang Dynasty
Size:Length 60cm Height 60cm

局部 Partial

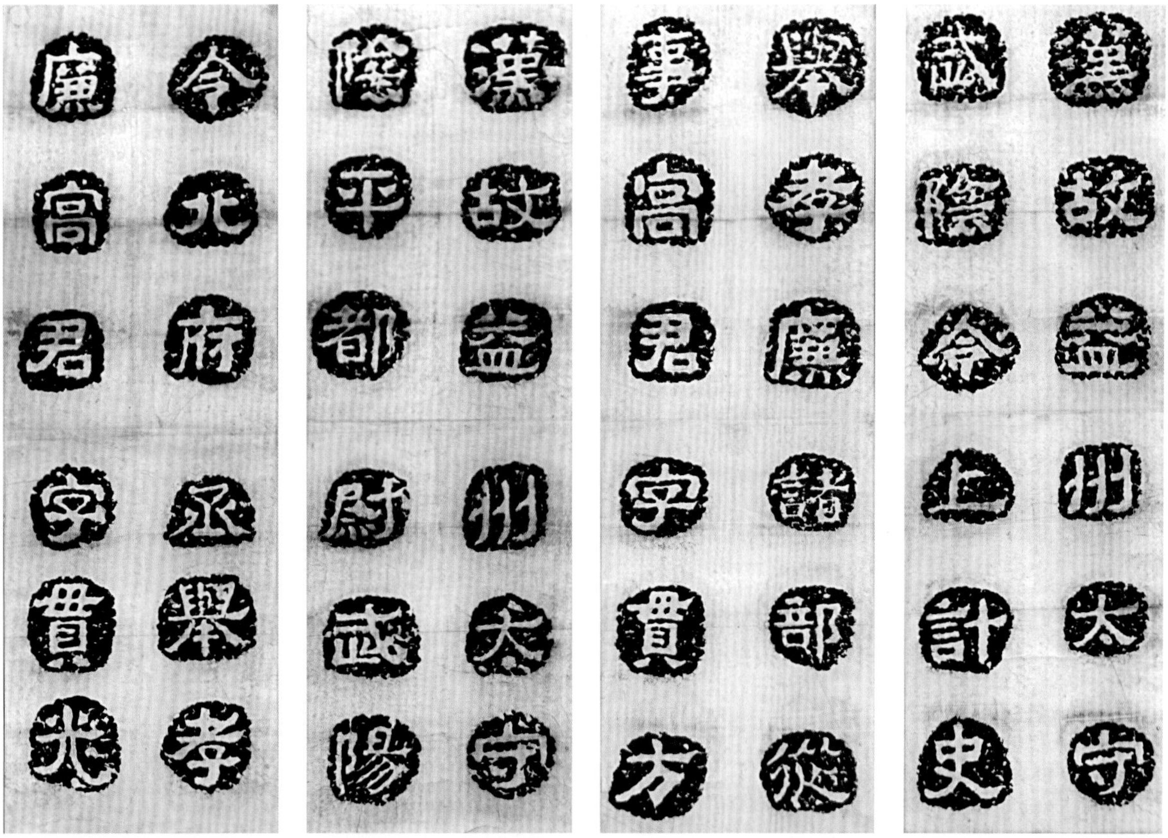

［汉］雅安 高颐阙拓片 长43cm 高130cm
Rubbings of Gaoyi in Ya’ an from the Han Dynasty
Size:Length 43cm Height 130cm

［汉］张仲有 修通利水大道刻石拓片 长69cm 高70cm
Grindstone Carving Rubbing of Zhang Zhongyou
Finishing Water Engineering Avenue
from the Han Dynasty
Size:Length 69cm Height 70cm

[清] **寿幛 屏** 长32cm 高110cm
Birthday Scroll Golden Calligraphy on Red Silk from the Qing Dynasty
Size:Length 32cm Height 110cm

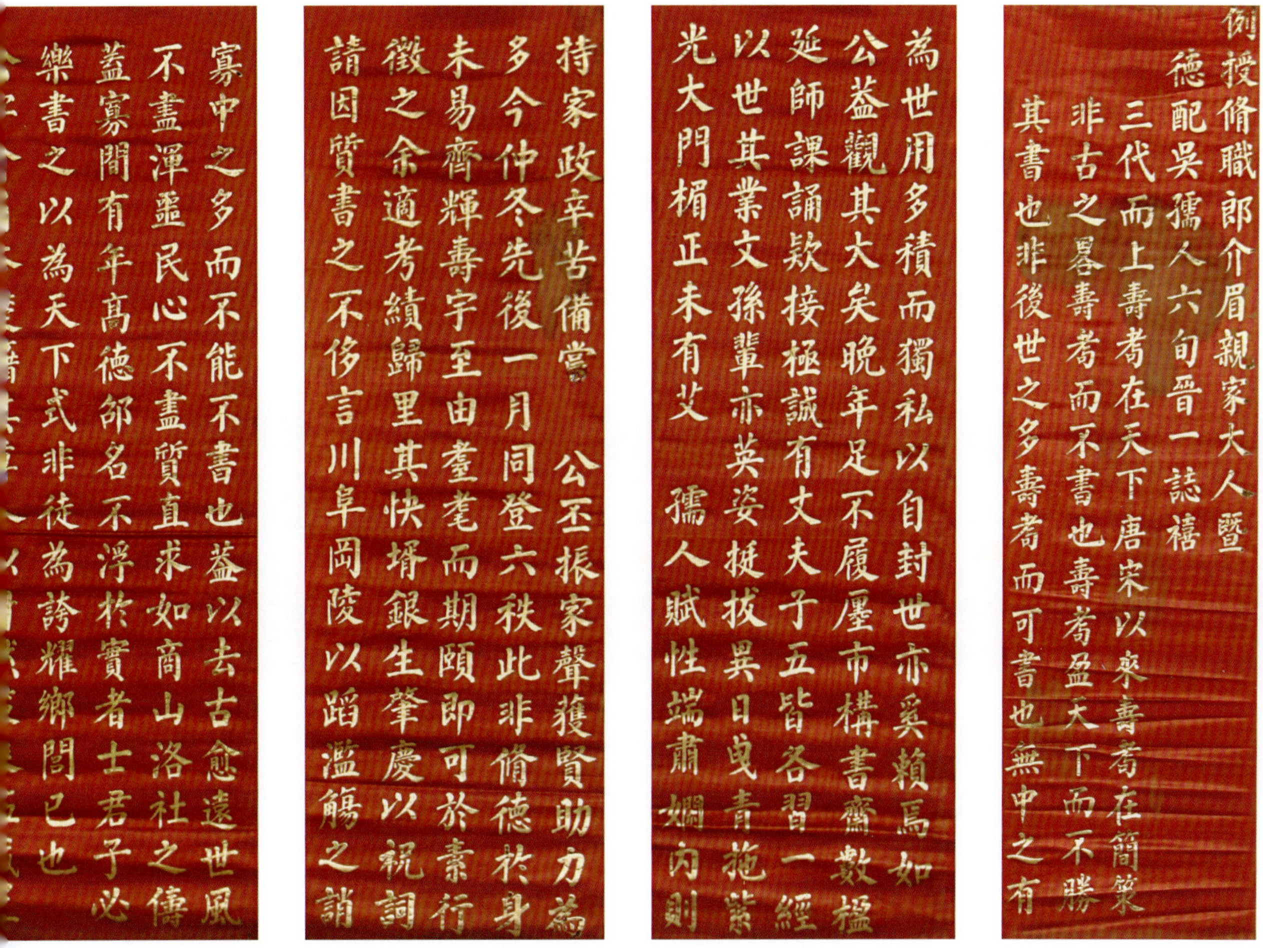
例授脩職郎介眉親家大人暨
德配吳孺人六旬晉一誌禧
三代而上壽考在天下唐宋以來壽考在簡策
非古之壽考而不書也壽考盈天下而不勝
其書也非後世之多壽考而可書也無中之有
為世用多積而獨私以自封世亦奚賴焉如
公益觀其大矣晚年足不履壓市構書齋數楹
延師課誦款接極誠有丈夫子五皆各習一經
以世其業文孫輩亦英姿挺拔異日曳青拖紫
光大門楣正未有艾 孺人賦性端肅嫺內則
持家政辛苦備嘗 公丕振家聲獲賢助力為
多今仲冬先後一月同登六秩此非脩德於身
未易齊輝壽宇至由耋耄而期頤即可於素行
徵之余適考績歸里其怏壻銀生肇慶以祝詞
請因質書之不侈言川阜岡陵以蹈濫觴之誚
寡中之多而不能不書也蓋以去古愈遠世風
不盡渾噩民心不盡質直求如商山洛社之傳
蓋寡聞有年高德劭名不浮於實者士君子必
樂書之以為天下式非徒為誇耀鄉閭已也

[13世纪] **唐卡 不空成就佛** 长73cm　宽51cm
Thangka Painting of Amoghasiddhi from the 13th Century
Size:Length 73cm Width 51cm

[清] **唐卡 白伞盖之下的佛母像** 长135cm 高169cm
Thangka Painting of Mother Buddha with the white Parasol from the Qing Dynasty
Size:Length 135cm Height 169cm

[13世纪] **唐卡 文殊菩萨** 长54cm 宽39cm
Thangka Painting of Manjusri from the 13th Century
Size:Length 54cm Width 39cm

局部 Partial

叱咤风云的军中豪杰 运筹帷幄的政客儒将

Influential Military Heroes,Tactical Politicians and Scholar-generals

——怡汉轩藏民国政要信札

——Manuscripts of Political Tycoons in the Republic of China Collected by Yihan Gallery

文/图 Text/Photo _ 左志丹 Zuo Zhidan

生活的快节奏，让书信的概念越来越模糊，已经不再被大多数人所推崇，甚至被渐渐淡忘了。电话、微信、QQ已经成为年轻人快捷沟通的时尚。如今网络传播基本替代了人们的书信往来，书信离我们的生活几乎越来越遥远。除了部分坚守传统的文化人，大多数人越来越懒得动笔了。键盘的敲打虽然迅速快捷，却少了手写的个性及传情的韵味。手指能将大脑思维进行延伸，而键盘却不能。书信字里行间流露出的真实、真挚情感，是电脑屏幕万万不能做到的。这不是文化方面的问题，而是关乎人的情感本质。

先祖们使用书信进行相互交流的方式，在我国已经超过了三千多年的历史。旧时的书信又称之为尺牍、书札、手札、手帖、手书、音书、函书等。古人曾有“烽火连三月，家书抵万金”等诗句来描写战乱之时书信所表达的珍贵情意。到了清代、民国时期，人们常用尺牍这一称谓，而当代人则更多称之为信札、手札、书札等。其内容涉及颇为广泛，有品评时事政治、地域风情；有人物轶事、学术探讨等。内容皆由书写者随心而发，随意而书的。所叙之事皆是亲身经历，小至家庭碎语琐事，大至社会历史，信息丰富，真情流露，是一般正史所不可具备的真实史料。它既有较高的文学与书法价值，还具有丰富的史料及学术价值。

一百多年前爆发的轰轰烈烈的辛亥革命，掀开了中国历史的新篇章。社会动荡的大变革使奇人异士辈出，孙中山、黎元洪、徐世昌、谢无量等众多影响历史进程的政治家、思想家、军事家纷纷涌现。时势造英雄，英雄也改变时势。在枪林弹雨中穿梭、在舞刀弄枪中涌现出的众多英雄，已成为建立中华民国的参与者和见证者。在地理交通不便的年代，人们常常挥毫纵墨，运筹帷幄，抒其意展其情。书信见证了革命的艰辛、英雄的才情和同志的友谊。

笔者十分喜爱收藏，对名人丹青、金石砖瓦尤为独钟。二十多年前，城市拆迁改造时我偶然从一民国老将军家中收购所藏明清善本等古籍，其中夹有众多民国政要来往书信及手迹，尤以孙中山秘书长杨庶堪、向楚等人的手迹最多，由此开始了手札收藏之路，乐此不疲，闲暇自赏，现将部分所藏民国政要信

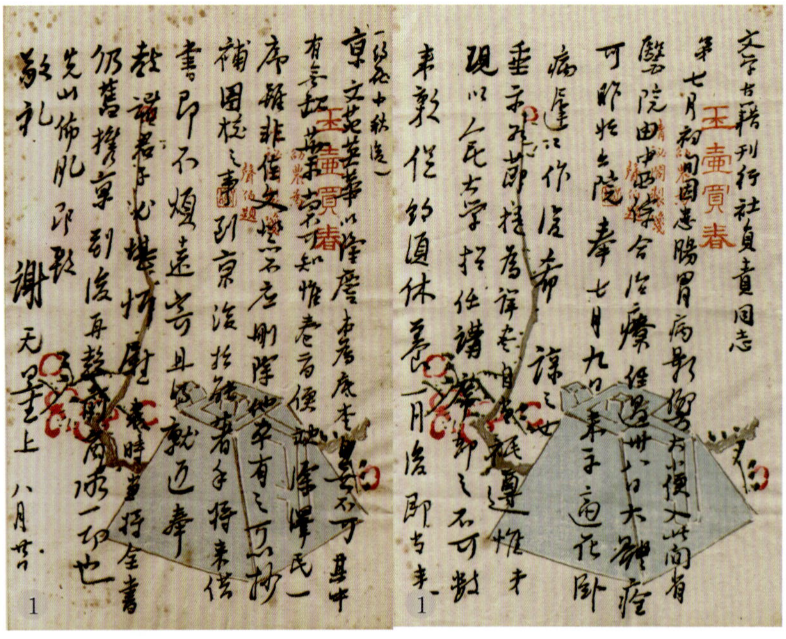

1

谢无量致文学古籍刊学社

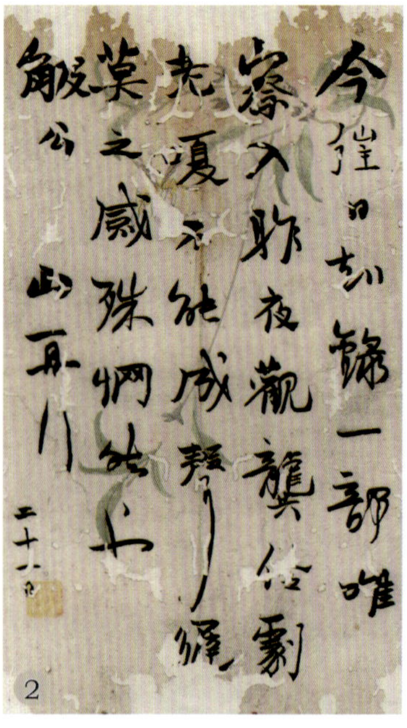

2

杨庶堪致向楚

札供藏界朋友鉴赏。

谢无量致文学古籍刊学社的信

以“孩儿体”书法见长的谢沉（字无量），1884年出生于四川乐至。别署啬庵，名重今世。“孩儿体”的书法对一般的人来说未必受人青睐。但有真眼力的人知道，谢无量先生的书法乃藏龙卧虎。于右任先生曾说：谢无量的书法“笔挟元气，风骨苍润，韵余于笔，我自愧弗如”。沈尹默先生也曾赞曰：“无量书法，上溯魏晋之雅健，下启一代之雄风，笔力扛鼎，奇丽清新。”由此可见，谢先生的书法远非俗人闲者所能比肩。民国初期他在孙中山大本营任孙中山先生秘书长、参议长、黄埔军校教官等职。在学术、诗文、书法方面都允为一代大家。

杨庶堪致向楚的信

孙中山革命事业追随者杨庶堪（字沧白，号邠斋），1881年出生于四川巴县，中华民国政治家。他与孙中山先生的私交特别深厚，而且经常为孙中山先生出谋划策，是孙中山先生的忠实幕僚及重要谋士之一。孙中山先生的不少文书也是由其代笔书写。曾任四川省省长、财政部长、孙中山大元帅府秘书长、广东省省长、司法总长。抗日战争爆发后，汪精卫多次邀请杨庶堪参加汪伪政府均被拒绝。他又因不愿和蒋介石合作，从此隐居。

黎元洪致瞿鸿机的信

黎元洪（字宋卿），1864年生于湖北黄陂。在中国近现代史上，黎元洪是一位极富传奇色彩的政治人物，他在武昌起义一夜间就由名不见经传的清军协统而成为军政府的大都督，震惊中外。号称“民国祢衡”的章太炎，清朝末年因苏报案坐过牢，文名满天下，被社会上层人士推为国学大师和革命先锋。他见了什么都要骂，唯有黎元洪是他歌颂的。在他的笔下，黎元洪是一个朴素而果毅的杰出人物。袁世凯死后，他由副总统继任总统，成为一国之首。

阎锡山致李炳南的信

有“山西王”之称的阎锡山（字百川）1883年出生于山西五台。曾组织与领导了太原辛亥起义。1911年武昌起义后被举为山西都督。后任山西省政府主席、国民政府行政院院长、国防部部长。一级上将。北伐结束之后，阎锡山与蒋介石就“国军编遣事件”意见相左，于是同冯玉祥、李宗仁另组“国民政府”联手反蒋，引发中原大战。1931年奉天事变后，国民党内部寻求和解，齐心抗日。阎锡山选择了站在民族大义的立场上，热忱报国，参与并指挥了太原会战等诸多大小战斗，是民国历史上一个极为复杂又颇具特色的人物。

陈立夫致张凤仪的信

被周恩来称呼为“值得尊敬的敌人”之陈祖燕（号立夫），1900年出生于浙江吴兴（现湖州市）。父陈其业（字勤士），兄陈祖焘（字果夫）。其二叔陈其美（字英士）于辛亥革命初期与黄兴同为孙中山的左右股肱，陈其美与蒋介石关系密切，为蒋介石结义之兄，将蒋介石引荐于孙中山，而蒋提拔陈果夫、陈立夫两兄弟，蒋陈两家可以说是没有陈其美就没有

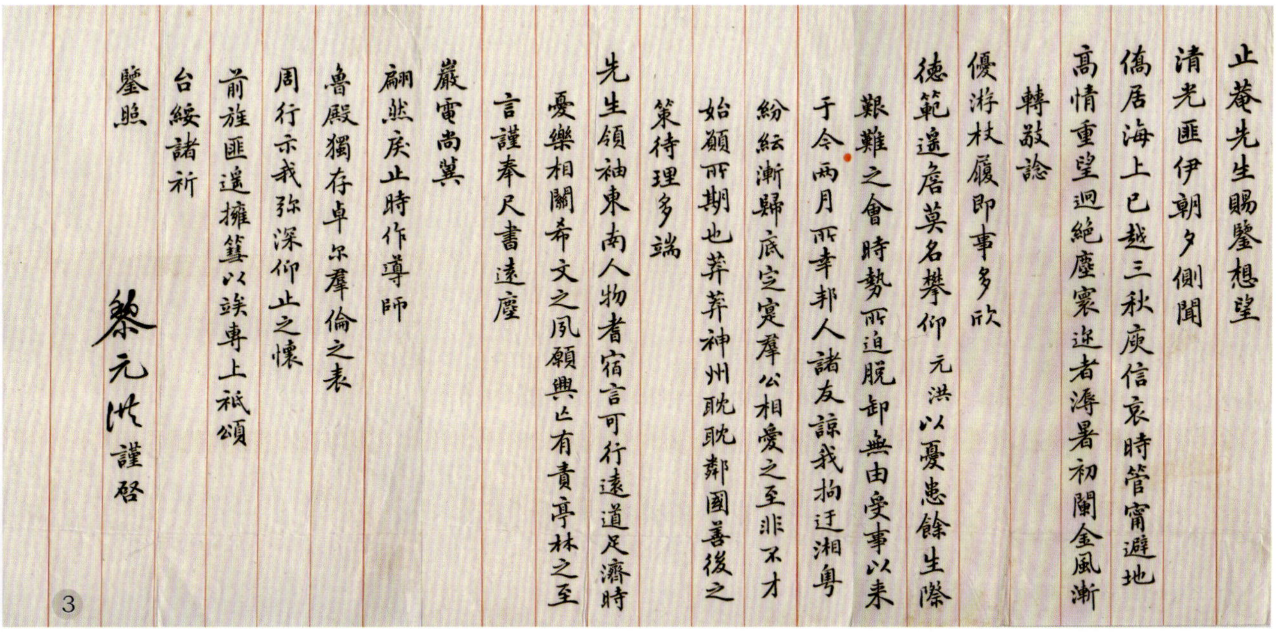
止菴先生賜鑒想望
清光匪伊朝夕側聞
僑居海上已越三秋庾信哀時管甯避地
高情重望迴絕塵寰逖者溽暑初闌金風漸
轉敬諗
優游杖履即事多欣
德範遐磨莫名攀仰元洪以憂患餘生際
艱難之會時勢所迫脫卸無由受事以來
于今兩月所幸邦人諸友諒我拘迂湘粵
紛紜漸歸底定寔賴公相愛之至非不才
始願所期也莽莽神州耽耽鄰國善後之
策待理多端
先生領袖東南人物耆宿言可行遠道足濟時
憂樂相關希文之風願興亡有責亭林之至
言謹奉尺書遠塵
巖電尚冀
翩然戾止時作導師
魯殿獨存卓爾羣倫之表
周行示我弥深仰止之懷
前旌匪遙擁篲以俟專上祇頌
台綏諸祈
鑒照 黎元洪謹啓

3

黎元洪致瞿鸿机

蒋中正，没有蒋介石也没有陈氏二兄弟的相互提拔的关系。陈立夫是20世纪中国的重要人物之一，中国国民党政治家，大半生纵横政海，曾历任蒋介石机要秘书、国民党秘书长、教育部长、立法院副院长等各项要职。尤其作为有留美背景的教育部长，在战乱期间对中国教育事业的发展做出了卓著的贡献。晚年赴美后，与大陆人士有往来，极力主张两岸合作达到统一。

徐世昌致徐坊的信

有翰林总统之称的徐世昌（字菊人，号水竹邨人）。1855年出生于河南卫辉。徐在袁世凯小站练兵时就与袁世凯结为盟兄弟，又得袁资助北上应试，中进士，授翰林院编修。一文一武，互为同道。徐世昌是乱世中国一个不折不扣的“太平官”，是中国历史上最会做官的人。1905年曾任清朝军机大臣。他又创造了民初五大奇迹：在政治上，他在位时间最长；在军事领域改革中，他亲自翻译西方和东方军事理论，训练军队和警察；在经济上，实行“新政”，成绩斐然；在体制上，创造了中国近代史上“东方西方化”的美誉；在外交上，他改变了中国近代被动挨打局面，与洋人积极抗争，对外收回外蒙、东三省、山东主权，以及一系列条约规定的特权，以独立、自主、平等的地位参与国际会议，拒签大国巴黎“分赃和约”，初显东方大国强硬、独立、自主、平等、和平的外交史，独占鳌头。

熊希龄致蔡廷干的信

中国第一任民选总理的熊希龄（号秉三），1870年出生在湖南凤凰。天生聪慧的熊希龄年幼之时被喻为“湖南神童”。他禀赋出众、好学深思且勤奋过人，能举一反三，闻一而知十，年仅十五岁已中秀才，二十二岁中举人，二十五岁中进士，后点翰林。老一辈革命家向警予、林伯渠、滕代远以及国民党左派宋教仁都是他的学生。熊希龄先生曾出任过民国财政总长等职。1913年当选民国第一任民选总理。1927年4月6日，李大钊被张作霖逮捕，在紧要关头，熊希龄先生以女儿结婚迎宾为名，派人抢在张作霖之前，用自己的专车把李大钊的夫人赵纫兰和孩子们接到了安全的地方，逃过了奉系军阀的大搜捕。以后李大钊的两个儿子也被收养在他所办的慈幼院。晚年，熊希龄先生就任我国红十字会会长，积极投身抗日战场的救护，其功德无量。

邹鲁致王云五的信

国民党元老、西山会议派的清党先锋邹鲁（字海滨），以“天资鲁钝”，自改名为鲁。1885年出生于广东大埔。曾任中山大学首任校长。1905年东游日本后加入中国同盟会。后结识了朱执信老师及陈炯明等，从此便投身革命。1911年武昌起义后，邹鲁立即与朱执信、陈炯明、胡汉民等组织广东起义响应。邹鲁留香港筹备兵器、军饷等军需财物。他曾参加孙中山的两次护法运动。1922年，陈炯明背叛孙中山，炮轰总统府。孙中山避难上海，召邹鲁为总统特派员，负责策划讨陈。1923年陈炯明败走惠州，孙中山从上海电令邹鲁与胡汉民等全权代行大总统权，可见对其信任有加。

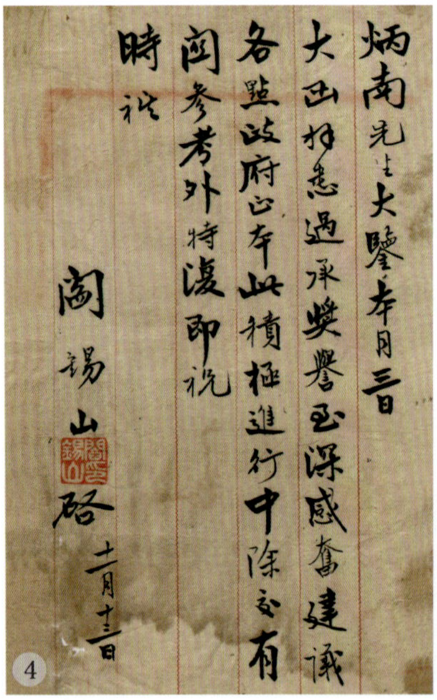

炳南先生大鑒本月三日
大函拜悉過承獎譽至深感奮建議
各點政府正本此積極進行中除已
閲參考外特復即祝
時祉
閻錫山啓 十一月十三日

4

阎锡山致李炳南

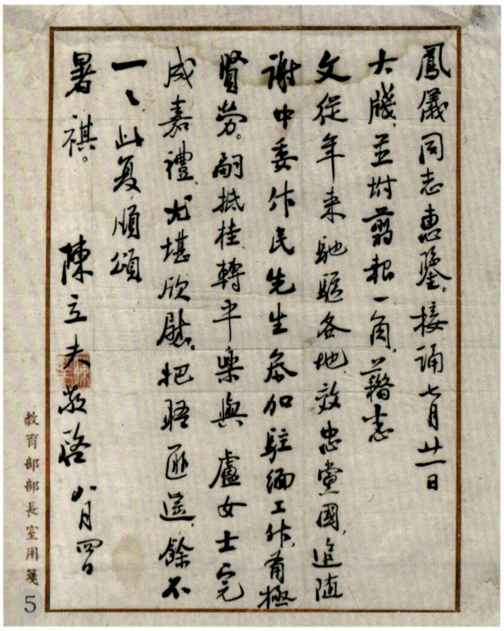

鳳儀同志惠鑒接誦七月廿一日
大牘並附剪報一角藉悉
文從年來馳驅各地效忠黨國追隨
謝中委作民先生參加驛運工作備極
賢勞前抵桂轉平樂與盧女士完
成嘉禮尤堪欣慰把晤匪遥餘不
一一此復順頌
暑祺
陳立夫敬啓 八月四日
教育部部長室用箋

5

陈立夫致张凤仪

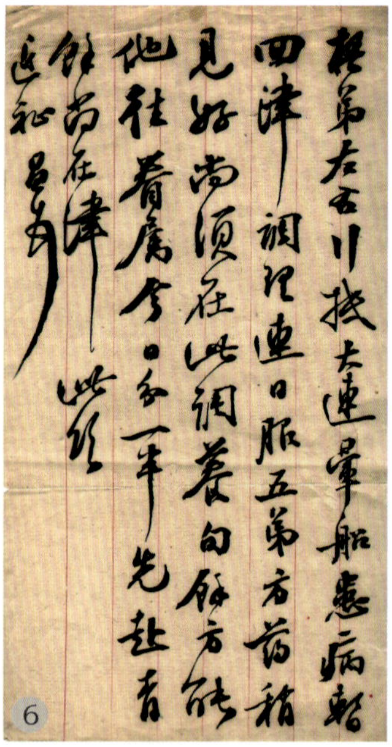

6

徐世昌致徐坊

顾维钧致罗香林的信

被誉为“民国第一外交家”的顾维钧（字少川）1888年出生于江苏嘉定。1912年任袁世凯总统英文秘书，后任中华民国北洋政府国务总理，国民政府驻法、英大使，中国驻联合国首席代表、驻美大使。他是中国近现代史上少有的外交奇才，改变中国屈辱的对外关系、维护中国在国际舞台上的尊严是他投身外交界时抱定的目标，为了维护国家利益和民族尊严，这位爱国外交家以自己的智慧、修养和爱国热忱，在他的外交生涯中作出了历史性的贡献。毛主席也十分佩服他的外交才华和为人。近代史学家唐德刚认为顾维钧是自有近代外交以来，中国出了“两个半”外交家的其中半个。

张继致郭紫峻的信

国民党“西山会议派”的首脑人物张继（字溥泉），1882年出生于河北沧县。国民党元老级人物。早年留学日本，结识了章太炎、黄兴、孙中山等。后因和邹容一起剪掉清朝在日监学姚文甫的辫子而被驱逐回国。1913年，中华民国第一届国会成立，被选为参议院议长。后参加“二次革命”和护法运动。孙中山先生在世时，支持其联俄联共政策。中山先生离世后，立场开始右转。九一八事件爆发后，为了应对日本和国内共产党，张继参与调停当时国民党的宁粤分裂。同年底张继被任为立法院院长，但他未就职。曾参与故宫博物院的建立，出任国史馆馆长。

孔祥熙致贻琳峻的信

以“圣人后代”自诩的孔祥熙（号子渊），1880年出生于山西太谷。是孔子家族第75代孙，旧中国最有权势最有钱的财阀。孔祥熙长期主理国民政府财政，主要政绩有改革中国币制，建设中国银行体系等。1927年4月，蒋介石在南京另行成立国民政府以后，孔祥熙极力劝说时任武汉国民政府财政部长的宋子文到南京投靠蒋介石，为其当家理财，并和夫人宋蔼龄一起促成了蒋介石和宋美龄的婚事。从此，他的政治命运便和蒋介石紧密联系在一起。1933年3月，孔祥熙从欧洲回国，随即于4月初出任中央银行总裁。后任行政院副院长、财政部长。他掌握中国财政金融大权，长达11年之久。

吴稚晖致李文范的信

吴稚晖(字敬恒),1865年出生于江苏武进。中国近代资产阶级思想家、政治家、教育家、书法家。他与孙中山私交颇厚，孙任民国大总统后，他与孙同室而居并榻而眠四载，从未像孙中山求过什么官职。他助蒋介石“清党”，南京政府建立后，老蒋多次请他出山，他均表示：“我是无政府主义者，脾气也不好，不敢当呀！”除当了几天国民革命军政治部主任外，多为闲职。1943年国民政府主席林森逝世，官场之中广传吴稚晖将继任。蒋介石也劝他。吴稚晖找出种种“理由”谢绝，还在报上发表文章说“何必乱造谣言”。国民党尊之为元老,蒋介石待之以师礼,蒋梦麟称之为中国学术界一颗光芒四射的彗星,胡适誉之为中国近三百年来四大反理学的思想家之一,章太炎称之为“康有为门下之小吏，盛宣怀校内之洋奴”,冯玉祥斥之为“变节为一人之老狗”。既有人吹他、捧他，也有人骂他、恨他……在那特殊的时代，他是那么一个与

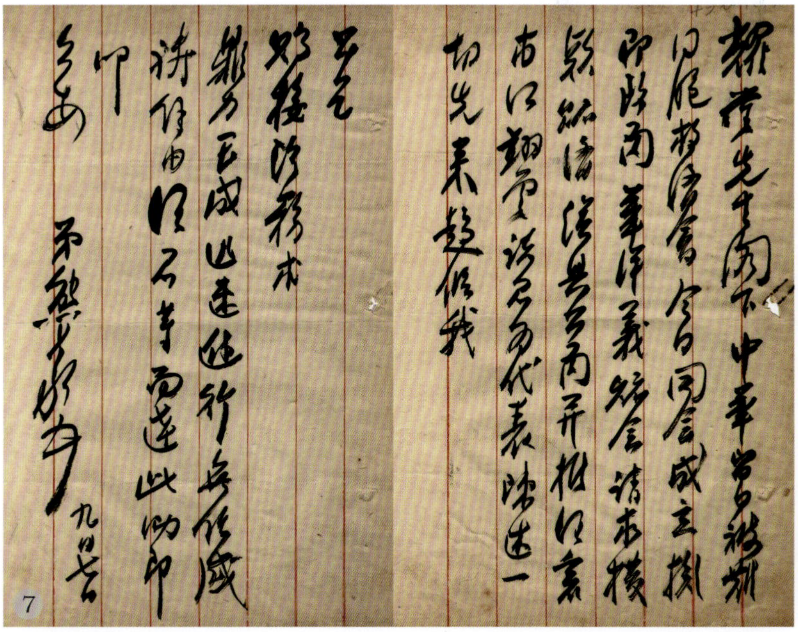

熊希龄致蔡廷干

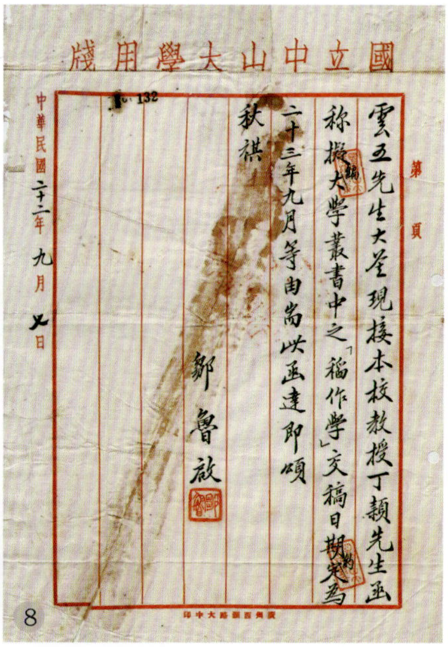
國立中山大學用箋

雲五先生大鑒現接本校教授丁穎先生函稱擬大學叢書中之「稻作學」文稿日期寫二十三年九月等由尚此函達即頌
秋祺
鄒魯啟
中華民國二十二年九月七日

邹鲁致王云五

众不同的人物。

陈果夫致徐学禹的信

有“国民党教父”之称的陈祖焘（字果夫），1892年出生于浙江吴兴。曾与其弟陈立夫一起把持国民党党务，是国民党内右派。1918年起在上海经商，与蒋介石等从事交易所投机买卖。1924年黄埔军校创办后，在上海为军校招募新生兼采购物资。陈果夫及其弟陈立夫与蒋介石关系密切，在大陆时期为蒋所倚重，负责国民党内组织及党务，有“二陈”“CC系”之称。也有“蒋家天下陈家党”一说。他学历不高，但著作等身，人称“不学有术”。他先后担任中国农民银行董事长、中央财务委员会主任委员等职，与蒋介石、宋子文、孔祥熙合称中国四大家族。去台后，“二陈”因承担“丢失大陆”的责任被国民党清洗，重权尽失。

章士钊致张申府的信

章士钊（字行严），笔名黄中黄、烂柯山人、孤桐、青桐、秋桐等，1881年出生于湖南长沙，我国近现代史上一位有影响的政治活动家、学者和律师。24岁时流亡日本，成为孙中山、黄兴的策士。中国共产党的两位主要创始人“南陈北李”，都与章士钊创办的《甲寅》杂志有着密切联系。陈独秀的“独秀”之名，就是首先在这一刊物上出现的。由于章士钊的推荐，李大钊才得以担任北大图书馆馆长。曾任北洋军阀政府的司法总长、教育总长；解放战争后期曾任南京国民政府的和谈代表团成员；新中国成立后，他曾任中央文史研究馆馆长，是毛泽东家中的常客。

张群致徐学禹的信

毕生追随蒋介石的三朝元老张群（字岳军），1889年生于四川华阳，中国国民党元老。早年就读保定全国陆军速成学堂，曾赴日本，就读振武学堂，与蒋介石为同学，张群与蒋介石渊源之深，远非一般人所能及。先后任上海市市长、湖北省政府主席、四川省政府主席等职位。抗战胜利后，国共谈判，美国国务卿马歇尔来华调停，筹设监视小组，小组除马歇尔外，中共代表为周恩来，国民政府代表便为张群。由此而知，蒋介石对张群的信任。1947年曾任行政院长，生性奇俭，曾有意与蒋介石竞选总统，为蒋所劝退。

左志丹
四川省美术家协会理事
中国美术家协会少儿艺委会委员

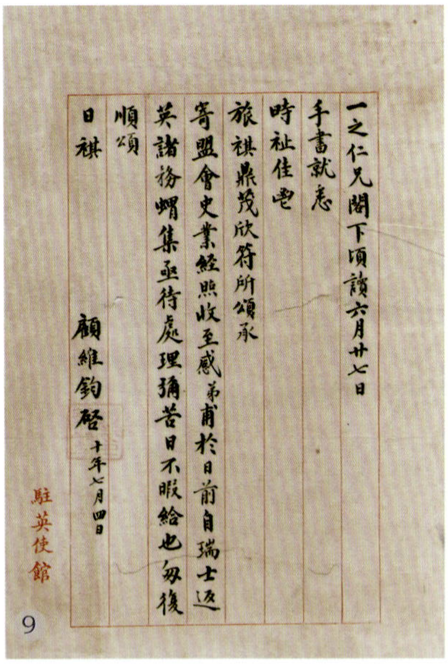
一之仁兄阁下頃讀六月廿七日
手書就悉
時祉佳鬯
旅祺鼎茂欣符所頌承
寄盟會史業經照收至感弟甫於日前自瑞士返
英諸務蝟集亟待處理殆苦日不暇給也匆後
順頌
日祺
顧維鈞啓 十年七月四日
駐英使館

9 顾维钧致罗香林

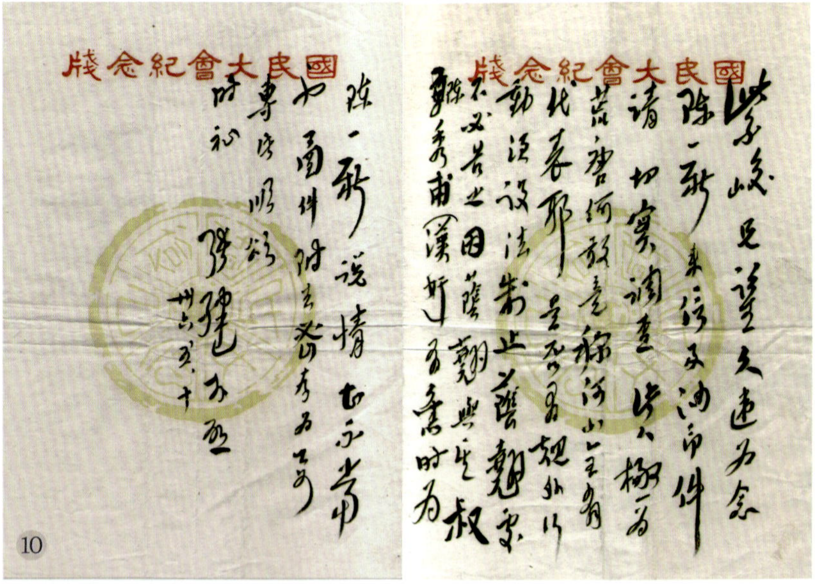

10 张继致郭紫峻

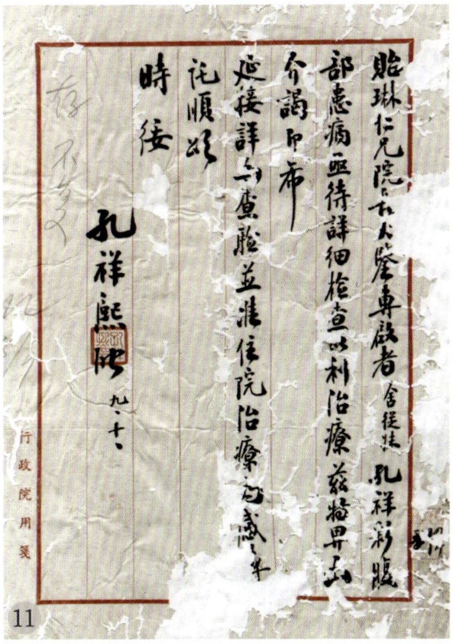

11 孔祥熙致贻琳峻

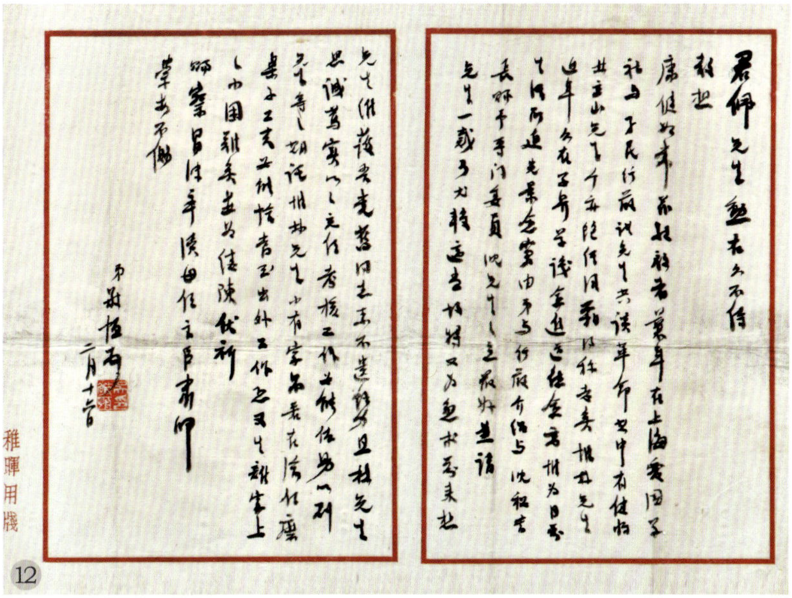

12 吴稚晖致李文范

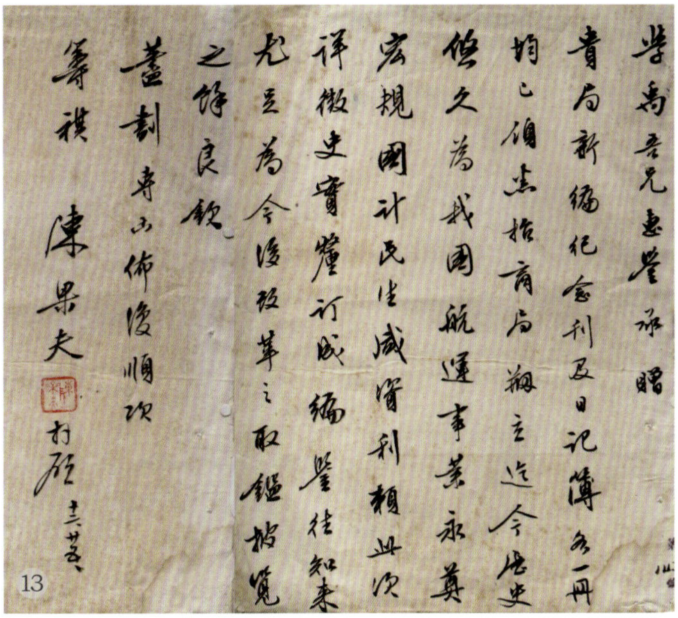

13 陈果夫致徐学禹

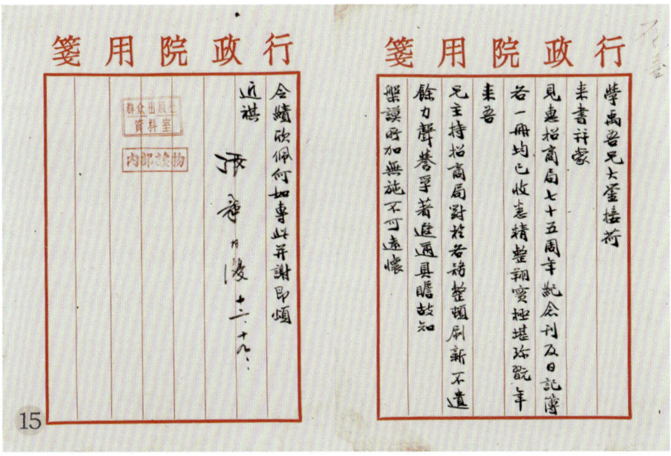

15 张群致徐学禹

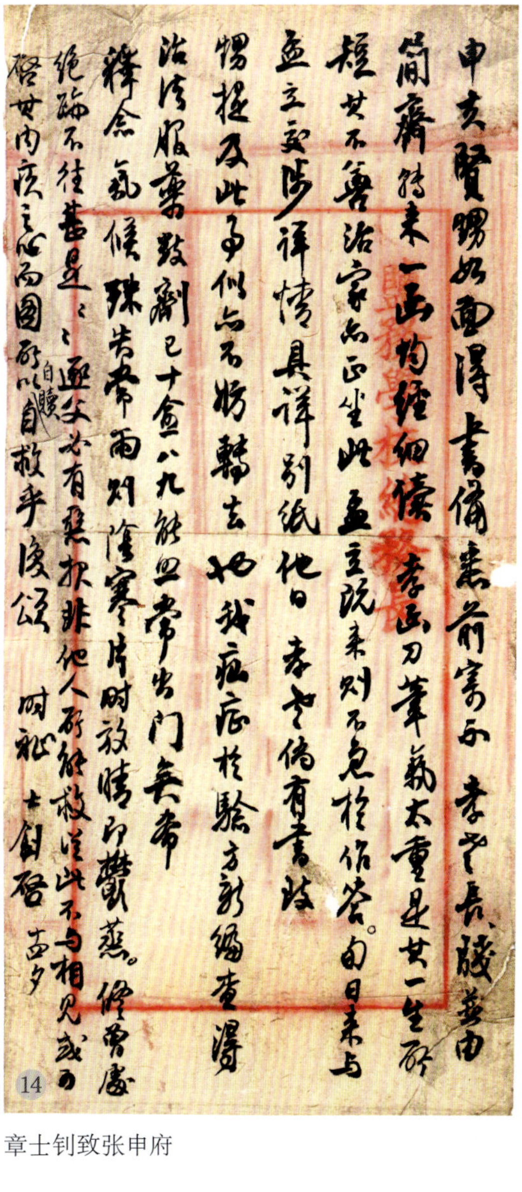

14 章士钊致张申府

第二章

文玩

Chapter Two · The Tools of Calligraphy

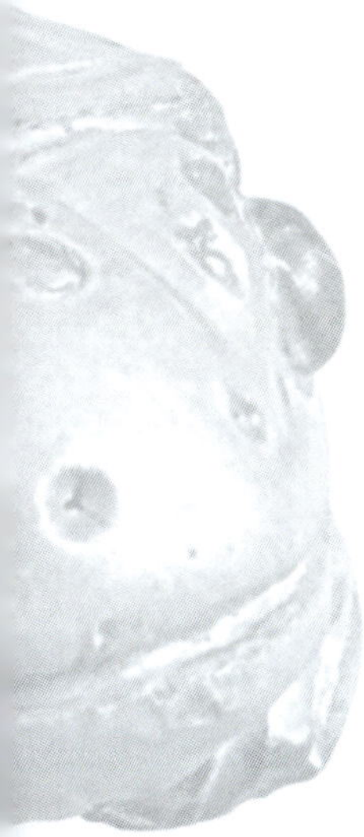

对四川古玩市场的认知

Summary on Sichuan Cultural Relic and Antique Market

文 Text _ 杨光辉 戴良才 Yang Guanghui and Dai Liangcai

无论地球有多大，无论你去过多少地方，看过多少名胜古迹，记忆深处总会藏着华夏大地留下的丰厚艺术遗产的韵味。为了这个韵味，我们可以跋山涉水，去那古镇里、去那老街上，操劳折腾。只见店铺里的古玩依然那么典雅稳重、古色古香，诱你心动；街头巷尾、村里院落的摊货，依然那么温润丰盛，扯你眼球。

中国作为世界著名的文明古国之一，保存在地面的文物古迹达数十万处之多，收藏在全国各地博物馆内的藏品共计千余万件。今年6月进行的全国第三次文物普查，四川各地文物古迹就有57 000余处，数量居全国第三；其中全国重点文物保护单位100多处。

收藏收藏，收而藏之，谓之收藏；收而卖之，谓之交易。如此庞大的文物聚集，自然就会形成多个买卖交易的古玩市场。分布在全川各地的古玩市场是最传统的交易平台。成都古玩市场数量不少，比较早的有著名的送仙桥古玩艺术城，位于青羊宫与杜甫草堂之间，建筑面积两万多平方米，有数百家铺面、上千个摊位，曾经被评选为全国第二大古玩市场；后起的还有三国古玩城，位于罗马假日广场，距离武侯祠约500米，面积达5万平方米，市场定位以古玩精品商业街为龙头，以画廊、玉器、珠宝、仿古工艺品、各类艺术家和收藏家创作室、博物馆群和古玩艺术精品收藏馆等分类经营，市民可以开展鉴宝、拍卖、博览等主题活动。

在成都市古玩收藏爱好者们的心中，周三、周六是他们的“墟日”。每当这两日，只见成都送仙桥和罗马假日古玩市场内，来自江西、湖南、安徽、河南乃至东北、新疆、甘肃、西藏及川内各市县的商贩们早早摆满了上百个古玩地摊。陶瓷、书画、玉器、青铜器、雕品、紫砂、钱币、奇石……数以万计，令人眼花缭乱。分不清年代、辨不出真假的古玩和仿古工艺品夹杂其间，吸引了无数淘宝族前来寻宝和琢磨。像成都送仙桥古玩市场这样的正规交易场所，四川就不下20家，主要分布在邛崃、绵阳、德阳、宜宾、乐山、广元、南充、泸州、什邡、峨眉山、雅安等地；苍溪古玩市场则是川东北目前最大的一个古玩交易市场，有20余家店铺，每年三月都要配合当地的梨花节举办各类型的收藏品交流活动，到目前为止已举办了14届，每年下半年的10月最后一个周末还要举办规模较大的藏品交流活动。大大小小的艺术品商店、跳蚤市场更是不计其数。正是由于古玩收藏的独特魅力，吸引了全国各地及四川本土不少淘宝族来“赶墟”，让古玩市场日渐繁华。

那么这些店铺和地摊，到底怎么赚

钱呢?其实地摊上的东西，大家都知道有问题，有真也有假，但就是有人去。这是因为那些东西都比较便宜，大家都能承受。店铺就不一样了，则是“三年不开张，开张吃三年”。里面那些值钱的东西，都是店主收来的。比较有名气的店铺，买卖古玩的人就多，而且多数是刨大地的。什么叫刨大地呢？这里不是指农民，而是指一个群体。这些人从盗墓到去偏僻的村庄收购，真是无孔不入。他们中大部分人缺乏专业知识，基本上只能看出东西是老还是新，具体价值却不是很清楚。因此店铺老板往往以低价买进，再以高价卖出。况且古玩市场的价格也没有规范，收来的“古玩”都由店主自己定价，行内并无价格规定，藏品也无明显标示。所以古玩市场里价格如何定位，大多爱好者并不知晓，于是随口喊价、讨价还价随处可见。许多乐此不疲的“淘古族”们都抱着“捡漏”“中彩”的心理，希望能碰运气淘到真正的“宝贝”，真是鱼龙混杂，赝品随处可见。业内人士说：“上世纪90年代的古玩市场，买卖双方基本上都是行内人，价格还有些靠谱。”但近几年，大批不懂行的爱好者纷纷拥入古玩市场淘金，让造假者也发现了其中的商机，受害者只有在“呛水”之后，才发现古玩市场真是个水深浪高的地方。虽然目前充斥市场的古玩大多是些价值不高的古代民间用品和仿制品、造旧的工艺品，器物上的年款和作者名款常是伪造的，但店主仍要价不菲。

古玩风气在我国起源较早，也和其他行业一样，有独特的收藏文化，也有自己的专业术语，称为行话。但由于专业性比较强，因此不是行家就难以掌握。如：玩瓷，就是我是收藏陶瓷的。走宝，就是卖亏了，把价值高的东西很低就卖了。捡漏，就是用很便宜的价钱买到很值钱的东西。旧仿，明清时仿旧叫旧仿，现在仿旧叫新仿。包浆，传世古玩具有的自然温润的光泽，叫包浆。生坑，新出土的东西叫生坑。绷价，坚持高价，想卖个好价钱。走眼也叫打眼，买家用较高的价钱买了不值此价的藏品，或买了假货。掌眼，这件东西没把握，请个师傅为你看看新老。棒槌，指看不出东西新与老，老是被骗的人。抓货，到市场去购买古玩。看货时碰上真货叫开门、一眼货。货物达到一定的年代叫到代，够年份。看新，东西不到代，现代仿的。自己不太懂行受人骗叫交学费；懂行人买了新仿货叫走眼、打眼；买了便宜货叫吃仙丹。倘若卖家说货绝对真且信誓旦旦，而买家有疑问又不好直接说是新仿的，就只能说看不好。

古玩行话涉及面较广，从验货到对货

物的评价到做交易，都有自己的专用术语。特别是一些比较常用的行话术语，对于刚入行的收藏者来说很陌生，因此让初涉收藏领域的爱好者了解并懂得或许有些益处吧。

另外，拍卖行也是收藏品尤其是珍品流通的重要阵地。拍卖行的数量往往意味着一个国家或一座城市藏品市场的规模。目前我国现有上百家专业的艺术品拍卖机构，以北京、上海等经济发达的城市居多，业务量与日俱增，近几年来，还出现了如画廊、专业性网站和基于对艺术品的共同爱好而形成的民间团体、私人博物馆等集收藏交易多种形式的艺术品平台，交易方式不断翻新，并伴有国际化的趋势。

时光将文化与物件雕琢成为了财富。三百六十行，古玩属第二行。有了这一行，即便是战乱年代，也是风生水起。如清末民国时期，各地古玩市场生意兴隆，一街的大辫子走动晃荡，宽大的马褂里揣着宝贝，神经兮兮地做着勾当。遗老遗少、军人政要、老外与掮客俱有。有堂皇开店者，甚是气派；有夹包袱者，满世界游走。各显神通，颇成气候。古玩这行水深似海，有人捡漏儿，欣喜若狂；有人上了当，气急败坏；有人名利双收，有人家破人亡。尽管鱼龙混杂，激流暗礁，盛世收藏仍是时尚。北京的潘家园，上海的过仙桥，天津的南市，西安的大唐西市，成都的送仙桥等旧货市场和各地拍卖场上，依然是人头攒动，甚是热闹，年交易何止亿计？虽然陷阱重重，人们依然痴迷，期盼“一夜暴富”的神话降临到自己身上。行内一位高人曾说过，古董本来就没有真假，大家都认为是真的它就是真的。自古就有仿古器物、古画的作坊。“齐白石、张大千的字画，哪哪都有卖，场场都有拍。”苏州的仿古画，蚌埠的仿古玉，洛阳的仿青铜，福建、安徽、江苏、山西的仿木器，扬州、广州、保定的仿景泰蓝满街尽是，琳琅满目。古玩的财富魔力，一旦爱上，永难超度。这些年，钱多了，生活富裕了，参与的人越来越多，文化也就沸腾起来了，对于懂行的人来说，挺好。据统计，目前我国艺术品收藏爱好者和投资者达7 000万人，占全国总人数的6%，以民营企业家、IT精英、传媒大腕、演艺界名流为全新阵容的新富豪正在成为中国收藏品市场的强势群体。

受古玩交易激增的推动，我国古玩市场日益升温。有专家认为，目前国内古玩拍卖市场正处于爆发式增长的临界点，2010年中国艺术品拍卖市场取得了接近300亿元的市场份额，参与人员和成交额还在以每年10%～20%的速度递增。在

"艺术品能保值增值"的投资动机下，这个市场迅速繁荣,将会有越来越多的人通过该渠道发财致富。从2011年起，一股艺术品金融投资热浪正席卷全国各地。艺术基金、艺术银行、艺术股票等艺术品金融理财模式相继推出，艺术品投资正迅速迈入"金融化时代"。上海、深圳、广州、成都、天津、沈阳、武汉等11个城市都相继成立了文化产权交易所，北京、大连等多个城市亦正在筹备中，文交所总数已突破20家。古玩市场也是热点频现，书画、陶瓷、玉器、邮币卡、青铜器、钱币、家具等领域的市场行情不断走高，种类也越来越丰富。随着我国新一轮经济的启动、民间形形色色的收藏活动悄然而迅速地铺展开来。在成都，文殊坊收藏品市场日趋红火，锦绣工场、草堂西市古玩城渐成气候，温江区正全力打造古蜀博物馆国际文化旅游产业项目，以古蜀钱币和名人字画为主题，集收藏展示、保护研究、传承教育为一体，打破传统休闲旅游模式，充分打造观光产品、休闲产品、度假产品，最终形成集展示展览、研究欣赏、学术交流、交易拍卖、文化旅游和休闲等功能要素配套完善的高端产业链。

现今收藏界流行一种观点：只要货真，就不怕价高，买了肯定会升值。其实价高也要有限度，脱离了藏品本身的历史、文物、艺术价值而炒作出来的离谱天价，你敢肯定在到手之后不会被套牢？目前我国拍卖市场的泡沫已经存在，假拍、流拍事件时有发生，价格虚高的现象严重,拍卖机构水准参差不齐，已经造成了市场交易的混乱。尽管现在有专家的意见可供参考，但最终的决策还在自己，这就要求投资者自身必须具有较高的专业性、技术性和雄厚的资金支持，了解并掌握古玩市场价格行情，对每一件投资品有鉴别和把握运作时机等能力。只有这样，才能在古玩市场上淘到金子。

收藏收藏，收是前提，无收则无藏。没有金钱，何以收藏？所以以古养古、买卖兼顾是每一位收藏者的绝佳选择。但如果一味地以器物品种为目的，其辨识古玩的水平则难以精到；一味地以器物价格为目的，则难免流于庸俗；一味地以升值潜力为目的，则不免昧于功利。

杨光辉
资深收藏家
高级文化策划人
国家注册艺术品鉴定师
成都市收藏家协会副会长
四川省古玩收藏协会副会长
戴良才
资深收藏家
四川省企业家协会副会长
四川省古玩收藏协会副会长

[清] **鼓形砚** 高2.5cm 直径15.5cm
Drum-shaped Ink-stone from the Qing Dynasty
Size:Height 2.5cm Diameter 15.5cm

錢塘袁枚銘

[民国] **沈懿款 白端砚** 长11cm 宽7.6cm
White Duan Ink-stone by Shen Yi from the Republic of China
Size: Length 11cm Width 7.6cm

[东晋] **青瓷砚** 直径18cm
Celadon Ink-stone from the Eastern Jin Dynasty
Size:Diameter 18cm

论大众收藏

On Popular Collection

文 Text _ 小鲜 Xiao Xian

一说起收藏，人们都会认为应该首先具备有钱。如果连吃饭穿衣都缺钱，要成为收藏家是十分困难的。其次要有闲，即有时间去淘藏品和把玩，十分忙碌的政治家、大商人（古董商除外）、学者，就是有钱，也难成为大收藏家。其三还要有趣，即有收藏的兴趣、情趣和热情，这种情趣源于对历史、文化和艺术的热爱。鉴于上述几条“标准”，似乎一般百姓是不宜搞收藏的。但笔者认为在今天快速发展的盛世中国，大众收藏是可行且有价值、有前途的一项事业。

大众收藏的意义

收藏首先是传承文明。

藏品是人类物质财富和精神财富的载体，传递着社会政治、经济、文化、科学技术和社会生活的各种信息，对后人继承、研究和弘扬都有着重要的物证作用，所以收藏本身就是一种传承文明的活动。大众收藏能在更宽、更广、更深的尺度和范围记录时代信息并传承后世，特别是对传承民风、民俗等方面有更重要的作用。

收藏品有实用价值。

大众收藏的主要特征是用藏结合，因此，藏品首先是实际生活或工作用品，具有使用价值。如家具、餐具、茶具、民间工艺品等首先是生活或工作用品，再如旅游门票、车船机票、地图、游览指南、各种卡（银行卡、电话卡、身份卡、购物卡、就餐卡等）、包装盒（如烟盒、火柴盒等）则是先使用后收藏，属于使用后淘汰或废弃物品，属于这类的还有手机、传呼机、存储卡（盘、片等）、照相机、电视机、录音（像）机、磁带、VCD、书籍、首饰、钟表等。

收藏品有历史文化价值。

由于大众收藏多为生活或工作用品，因此物件的品版、文字、图案、形状都打上了时代的烙印，反映了社会生活的各个方面，具有明显的时代特征，如“文革”中的瓷杯上有毛主席语录或毛泽东、林彪的头像，也或有“斗私批修”这样的政治口号。像“四五”事件、北京奥运、“5·12”汶川大地震这样一些重大事件或灾害期间的书籍、报纸、杂志都有明显的时代特征，这些特有物品有更大的收藏价值、重大的历史和文化价值，也是我们今天或今后研究那段历史最有用的物证。

收藏品有科学艺术价值。

众多的收藏物品能综合反映当时社会的经济和科技水平，如近十年大众普遍消费的骨瓷餐茶具、移动硬盘、智能手机都是近二十年科技进步的反映，再如电子机票、车票是近十年才能见到的物件。这些收藏或使用中的物品，许多在形状、图案、造型上都各具特色。如家具上的木纹及造型、餐具上的图案及质感、各类酒瓶的形状等等都令人叹为观止，具有很高的艺术和审美价值。近年来一些产品的包装和书籍的装帧也是美轮美奂，让人不禁要问盛世何处不收藏？只要用心，随时随地皆收藏。

收藏品不可忽视的投资价值。

在收藏历史和文化、传承文明的同时，大众收藏更是向未来投资。三十年前10平尺的一幅画，5～10元便可得到，但其中的精品现在也许值1 000万元。所以，要想收藏你今天应关注那些不知名但艺术水平较高的青年画者，应关注那些潜在价值高的物件，可谓投资“潜力股”，“若待上林花似锦，出门皆是看花人”。

大众收藏特点

顾名思义，大众收藏就是大多数社会公民参与的收藏活动，就是用收藏的理念来对待生活，用心生活，作有心人。主要表现为：一是参与者众多，凡是精神正常、生活能自理的普通公民都可参加。二是要结合自身的工作、专业进行收藏，不须占用很多时间、精力和金钱。如自己当老师近三十年，上世纪80年代以来学生赠送的各种贺卡集到今日，已近千张（套）并成系列，每每把玩，很有成就感。三是可结合自身的日常生活进行收藏，注重它的文化和艺术价值，发挥其在使用过程中不断升值和记录历史的作用。如十年前购买的仿古红木家具，现在它已升值五倍以上。同样，今天我们在淘汰、废弃或出售各类工作生活用品时，应该想想它三十年、五十年后有无价值。回想起十多年前随手丢弃的砖头大哥大（手机）、计算机储存软盘、胶木唱片今天在古玩市场已价值不菲，你不后悔吗？有些在今天看来一钱不值或价格低廉的物件随着岁月的推移，它可能价值连城。四是参与者不需要有精深的专业收藏知识，也不至于“打眼”上当，更不用付费请专业人士“掌眼”。收藏的都是当代物品，如用过的各种卡、景区门票、导游图、车船机票等，很难说它几百年后不是文物。正如保存至今的几百年前各类物品你能说它没有价值吗？

大众如何收藏

大众收藏虽为用藏结合，但藏品不能完全等同于日常生活用品。收藏者可根据自身的兴趣爱好、工作特点、专业方向、地域特产等，也就是自己熟悉的领域和可掌控的范围进行收藏。如从事文秘工作的可收藏邮票、信封、明信片等；从事计算机或信息技术的可收藏存储器、显示屏等。

收藏的物件在形状、色泽、图案、造型等方面要有一定的艺术性，这是它的特色性原则。如同样的家具，选木纹漂亮的；同样是紫砂茶具，方形比圆形工艺难度大。制作工艺精美、独特也是收藏必备条件之一，这是它的艺术性原则。一些重大历史事件、自然灾害相关的产品或纪念品、文字资料等，一些具有重要人文背景的产品、纪念品等，一些著名厂家、名家、名人等，一些濒临绝迹或停产的产品等都具有很大的收藏价值。这是它的历史性原则。

适宜收藏品种

居家类。主要有：家具类中具有四川特色的楠木、香樟木、鹅掌楸、红豆木等材质家具，中等收入者可少量问津，另外四川独特的乌木（阴沉木）家具有很大的收藏价值。另外木纹极像黄花梨的非洲花梨木也具有艺术价值和人文气质。

精美并具有艺术独特性的用具类。如陶瓷、水晶、紫砂、琉璃、玛

[唐] **千足砚** 直径20cm
Ink-stone with a Thousand Feet from the Tang Dynasty
Size: Diameter 20cm

［唐］**刻花人名款 双萁砚** 直径20cm
Incised Dual-dustpan Shaped Ink-stone with Signature from the Tang Dynasty
Size:Diameter 20cm

瑙等制成的餐具、茶具、灯具、钟表、花瓶及各种摆件。

逐渐被淘汰的家电类。如电视机、录音机、收音机、手机、传呼机、个人电脑及存储器、音响、唱机及唱片、摄（照）像机。

具有民族、民间特性的装饰品类。如装饰画、窗帘、软装饰品、新首饰、服饰等。

文化旅游休闲用品类。主要有：报刊、杂志、公告等纸质和音像及电子文稿；笔、墨、笔筒、砚台、镇尺、画纸、书签等精美或具有重要历史文化价值的工作学习用品。

旅游指南、门票（卡）、车船机票、旅行身份证明、交通工具及使用证明，旅行用生活、安全用具等精美、品相好或具有重要纪念意义的旅游用品。

麻将、扑克、各种球类包括球杆、球拍，有特殊标志的运动服装（靴）、重大赛事的资料及纪念品、奖品（金牌、奖杯、奖状）休闲运动用品。

经济和社会生活方面用品。主要包括有：经济活动用品、社会生活用品、社会交往用品、日常生活用品及现代书画等等，包罗万象。

大众收藏事项

要具有平常心态。大众收藏首先是出于对藏品材质、工艺和文化的喜爱，而不是为了赚钱，切忌有贪和“捡漏”心理。

要量力而行。根据自己的知识水平、经济实力、工作特点、地域特色量力而行，不能贪大求全，不影响正常工作和生活。

要先学习后收藏。先要学习相关藏品的知识，向专家、同行多请教。同时多到商场、古玩店、博物馆看实物，条件允许时可以多多上手。

要循序渐进。先简单，再复杂，先小件，后大件，先便宜，后贵重，先单一，后多项。不能遍地开花，多方出击。

小　鲜
大学教授
著名学者
业余爱好收藏家

[清] **端石 西洞水岩砚** 长12.5cm 宽7.5cm
Xidong Water Rock Duan Ink-stone Collected by Ling Yunxian Cabin from the Qing Dynasty
Size:Length 12.5cm Width 7.5cm

[唐] **蛙砚** 长12cm
Ink-stone in Frog Shape from the Tang Dynasty
Size:Length 12cm

[唐] **点绿彩箕形砚** 长20cm
Green Colored Ink-stone in Dustpan Shape from the Tang Dynasty
Size:Length 20cm

[唐] **舟形砚** 长17cm
Ink-stone in Boat Shape from the Tang Dynasty
Size:Length 17cm

[唐] **龙头砚** 长20cm
Ink-stone in Dragon Head Shape from the Tang Dynasty
Size:Length 20cm

［明］**黄花梨 笔海** 高24cm 口径27cm
Large Brush-holder Made from Yellow Pear Wood from the Ming Dynasty
Size: Height 24cm Caliber 27cm

［清］**朱文右 竹笔筒** 高12cm 口径4cm
Bamboo Brush-holder by Zhu Wenyou
from the Qing Dynasty
Size:Height 12cm Caliber 4cm

［清］**松荫听泉 竹臂搁** 长15cm 宽9.8cm
Bamboo Armrest with the Pattern of Listening to
the Spring under a Pine Tree from the Qing Dynasty
Size:Length 15cm Width 9.8cm

[清] **井西款 山水墨盒** 长8.5cm 宽5.5cm
Ink-box with Landscape Pattern Signed by Jing Xi from the Qing Dynasty
Size:Length 8.5cm Width 5.5cm

[清] **刘栩仙 渔归图墨盒** 高3.3cm 直径12.5cm
Ink-box with Painting of Back from Fishing by Liu Xuxian from the Qing Dynasty
Size:Height 3.3cm Diameter 12.5cm

[清] **紫檀 笔筒** 高15cm 口径15cm
Red Sandalwood Brush-holder from the Qing Dynasty
Size:Height 15cm Caliber 15cm

[清] **潘西凤 竹笔筒** 高15cm 口径9.8cm
Bamboo Brush-holder by Pan Xifeng from the Qing Dynasty
Size:Height 15cm Caliber 9.8cm

[明] **端石 太史式兰亭砚** 长23cm 宽14cm 高7cm
Taishi Style Lanting Ink-stone Made of Duan Stone from the Ming Dynasty
Size: Length 23cm Width 14 Height 7cm

[宋] **端石 抄手式砚** 长22cm 宽14.5cm 高5.8cm
Chaoshou Style Ink-stone Made of Duan Stone from the Song Dynasty
Size:Length 22cm Width 14.5cm Height 5.8cm

[清] **张问陶款 洮河砚** 长13cm 宽21cm 高6.5cm
Taohe Ink-stone Inscribed by Zhang Wentao from the Qing Dynasty
Size:Length 13cm Width 21cm Height 6.5cm

[明] **澄泥 云龙砚** 直径16cm
Cheng Clay Inks-tone in the Shape of Dragon in Clouds from the Ming Dynasty
Size:Diameter 16cm

[明] **端石 雕云龙随形砚** 长19cm 宽12.5cm
Duan Ink-stone in the Shape of Dragon from the Ming Dynasty
Size:Length 19cm Width 12.5cm

[明] **貂蝉拜月 笔筒** 高21cm 口径20cm
Brush-holder with the Pattern of Diao Chan Praying for Moon from the late Ming Dynasty
Size:Height 21cm Caliber 20cm

［清］**王澍 书法竹雕笔筒** 高16cm 口径12cm
Bamboo Brush-holder with Incised Calligraphy by Wang Shu from the Qing Dynasty
Size:Height 16cm Caliber 12cm

[清] **陈介祺款 贝壳砚** 长5.1cm 宽5.5cm
Shell Ink-stone Signed by Chen Jieqi from the Qing Dynasty
Size:Length 5.1cm Width 5.5cm

[明] **濮澄 竹雕笔筒** 高14cm 口径12.7cm
Incised Bamboo Brush-holder by Pu Cheng from the Ming Dynasty
Size:Height 14cm Caliber 12.7cm

第三章 古玉

Chapter Three • Ancient Jade

四川古玉文化

Ancient Jade Culture of Sichuan

文 Text＿瞿映华 明宗信 Qu Yinghua and Ming Zongxin

玉器在世界文明史中，无疑是一种非常独特的文化载体。在新石器时代，除了中国以外，新西兰的毛利人和中美洲的玛雅人，曾经有过佩戴玉器的短暂历史。只有在中国，玉器几乎贯穿了整个文明的进程，成为中华民族独一无二的文化基因之一。

上个世纪以来，中国考古学家先后发现了多个使用玉器的原始聚落，在这些聚落中既有东北亚草原的红山人，也有长江下游的良渚人、黄河流域的齐家人、安徽境内的凌家滩人，时间范围大致在距今5 000～4 000年。四川盆地出土玉器最早见于新石器时代中期。2001～2003年在四川茂县发掘距今5 500～5 000年的营盘山遗址时出土了一批玉器，主要有穿孔刀、斧、锛、凿等小型生产生活等工具，还有少量玉环镯形器等装饰品。玉料一部分为透闪石软玉，还有部分蛇纹石玉、大理岩玉等，制玉工艺简率朴拙、原始粗放。这批玉器的出土丰富了四川地区新石器时代玉文化的内容。

1929年春，四川广汉南兴镇月亮湾一燕姓农民在挖水沟时意外发现一块色彩斑斓的玉石，后又连续挖出400余件。这批玉石器一经面世，引起各方的高度关注，这便是早期发现的三星堆玉石器。约60年后三星堆考古调查和挖掘工作相继进行，1986年夏，三星堆遗址考古工作取得了突破性进展，接连发现了两个大型祭祀坑，这两个祭祀坑先后出土玉器731件，占出土文物的42.5%。玉料以透闪石玉、蛇纹石玉为主；玉器种类以璋、戈为主，加工技术采用了开料、片线切割、钻孔、刻纹、镂雕等多种手段,造型丰富多彩，制玉工艺凝重刚毅创新，呈现出当时繁荣发达的景象。

三星堆玉器中以玉璋的数量最多，造型也最为丰富，有边璋、牙璋、鱼璋、鸟璋等，装饰雕琢多样，制作技艺娴熟高超。玉璋是用于祭祀山川时使用的器物，也是古代蜀人的发挥创造。《周礼春官典瑞》说“四圭有邸，以祭天，旅上帝。两圭有邸，以祀地，旅四望。璋邸射，以祀山川，以造赠宾客”等等。当时地处龙门山地震带的古蜀国人以执璋人像作献祭，请求山神保佑免遭地震、泥石流、山体滑坡等自然灾害侵袭。如二号坑出土的一件刀形玉璋上采用线刻法刻画出了两组象征神山祭祀和天门观念的图案，堪称是三千多年前的玉雕杰作；在三星堆遗址青铜造像群中，亦有双手执握牙型玉璋的跪坐小铜人，活现了古蜀人向神灵虔诚奉献的场景。古蜀人精心制作的玉璋不仅展示出了古蜀人相信万物有灵与泛神信仰的精神崇尚，更洋溢着浓郁的古蜀特色，也体现出我国玉璋发展达到的巅峰状态。

古蜀人心目中的玉不但可以辟邪，还可以与冥冥间的神灵相沟通。三星堆考古发现告诉我们，古蜀国举行盛大的祭祀活动，有着丰富多彩的祭祀内容和祭祀形式，通天神树崇拜、神山祭祀、太阳神话等等共同构成了古蜀人绚丽多彩的精神世界。三星堆遗址出土的大型青铜雕像群和金杖、黄金面罩、青铜神树及大量的玉器等，都是古蜀王国大型礼仪中心的主要器物组合，它们无一不是古蜀王国神权政体的物化表现形式。充分反映出夏商至周早期时代的古蜀王国，是一个拥有灿烂青铜文化的文明古国，是一个有着强有力的统治者，社会组织发达、等级分明、阶级压迫明显的国家社会，其统治主要依靠的是强有力的宗教神权，故建立了较为发达的宗教礼仪制度。

古蜀国不但是中国西部长江上游的古代文明中心，而且是中国古代文明的重要起源地之一。许多媒体报道称三星堆的发现是20世纪中国最伟大的发现之一，是“世界第九大奇迹”。它那栩栩如生的各种人物、动物、植物、山形、水系等都十分明白地反映在玉器上，人见人爱，更何况考古学家、美学家、雕塑家见了都目瞪口呆。中国古代美术、雕塑技术在远古时代就达到如此辉煌成就，真是不可想象！

在灿烂的中国历史文明长河里，三星堆的出现，似乎和神秘相连，与奇异相伴，夸张的造型、诡谲的想象，精妙的工艺……自公元1929年首次发现了这批宝藏以来，三星堆，就一直是世人探讨的永恒谜题。

2001年发掘金沙遗址时，重现世间的宝物在阳光的照耀下，发出令人炫目的光彩。出土的铜器、陶器、金器、玉器等文物，时代为周初至春秋前期，继承了宝墩文化、三星堆文化的形态。金沙遗址很可能是当时以成都平原为中心的古蜀国的又一都邑所在。遗址内的祭祀活动场所也出土了2 000余件玉器，大多是礼器，内容极其丰富，制作尤为精美。玉材以来自成都平原西北部的地方玉为主，紫、褐、黑、白等色彩极为丰富，加工技术精湛娴熟，打磨细腻规整，表面异常光洁；其装饰风格上仍崇尚简单、素朴。

金沙玉器与三星堆玉器相比较，在制作工艺方面是相同的；在玉石器的形体方面也是相似的；在人物、动物的雕刻方面，金沙遗址玉器在质量和数量上都有继承与发展。三星堆有的玉石器型金沙遗址基本都有。如金沙的玉长体锛，该种器型最早出现在宝墩文化的芒城遗址中，后又在成都南郊棕树十街坊宝墩文化晚期遗址中发现，三星堆遗址中也曾出土过3件。目前在北方、长江中下游一带均未发现此种器型，说明它具有强烈的巴蜀文化特色。

还有一些玉器在三星堆文化中较少见，但在金沙遗址中却非常盛行。如玉琮、凹刃凿形器等，目前在金沙遗址中已出土70余件，大多选料精良，制作精细，表明在此时期可能已成为一种重要的特殊的礼器，是金沙遗址祭祀活动中极富特征性的器物。而玉梯形槽形器、玉镂空饰件等目前则仅见于金沙遗址。出土的玉琮因外形体现了远古人类“天圆地方”“四面八方”的宇宙观，被金沙时期的古蜀人视作“国之重器”。金沙遗址充分展现出从宝墩文化到三星堆文化再到十二桥文化的文明演进序列。

自周开始，蜀国统治阶级的礼仪玉器发生了重大的变化，使用上有了特殊的规定，那就是具有尊贵身份的人才能拥有。从数量、玉质到做工、造型都有非常严格的等级制度。《周礼》记载“以玉作六瑞，以等邦国”，意思是说用玉制作信物，在君臣间表示等级，在邦国交往之间表示礼节，这样可使自己创立的封诸侯、建同姓的封建制度长治久安。金沙遗址出土的贵重文物大多是玉器，且以礼器居多，最主要的璧、圭、琮、璋、琥、璜，合称为“六瑞”的礼玉大都有。礼器是理性思维的产物，礼器居多表明当时的统治占主导地位的是王权，神权政体已经解体。这个时期倡导的礼仪风范，已成为中华民族此后两千年的文化精髓。

西周早期以后，玉璋的使用在中原已不再受重视。但自夏商传入古蜀后却愈见发扬光大，成为祭祀活动中最重要的器物之一，制作更加精致，器型也发生了变化。

春秋战国时期是中国历史上一个史无前例的动荡时期，玉器也渐渐失去了礼器的功效，转向作装饰品及冥器等。这时期四川出土玉器数量锐减，在成都平原现已发掘的大中小型战国墓葬中，由于大多被盗严重，出土玉器极少。古蜀文化中丰富多彩的玉器在此时似乎已难寻踪影，仅在四川北部的茂县战国晚期的石棺墓中发现了一批，主要为玉质工具，器类有斧、锛、凿、刀等，器形均较小，制作也较为粗糙，可能是作为身份与等级的象征而随葬于墓中。后在四川凉山地区相继发掘清理了一批大石墓，出土玉器主要为珠、管等小型装饰品。到了战国晚期，秦并巴蜀后，玉葬品中开始出现中原文化因素，但主体文化仍然是古蜀文化。2001年四川盐源老龙头墓葬中出土的一件呈扁平椭圆形玉玦，其上部钻有椭圆形孔，在器上端切出一缺口，两侧磨为半月形。器物小巧精致，造型极富特点，古蜀文化因素浓郁。

两汉至唐中期玉石制作技艺更加精湛，玉器温稳有力、新巧典雅，被赋予了美、德两重性格。《说文解字》谓玉：“有五德，润泽以温，仁之方也；理自外，可以知中，义之方也；其声舒扬，专以远闻，智之方也；不挠不折，勇之方也；锐廉而不忮，洁之方也。”儒家大师孔子认为玉的“瑕不掩瑜”特点正是君子应该具备的高尚品质，玉器已开始成为完美人格的化身。《北齐书》明志之言流传最广：“宁为玉碎，不为瓦全。”无不以玉德作为自己为人处世的行动标准和指南。它的物质属性已被融入了博大精深的中国传统文化内涵，成为一种独特的中国玉文化。“君子比德于玉焉”，以玉比德，敦品励行。据文献记载，汉代人认为玉器还有特殊的功效，那就是玉石和人的永生是连在一起的。分金银铜三种，金缕玉衣唯王侯才能使用。汉代玉衣厚葬之风日盛。1995年四川绵阳永兴双包山二号墓中也出土了八块银镂玉衣残片，玉片有方形和梯形两种，四角均有穿孔，部分穿孔内还留有银丝，说明该墓葬具有较高的等级。用金缕玉衣作葬服不仅没有实现王侯贵族们保持尸骨不坏的心愿，反而招来盗墓毁尸的厄运。到三国时期，魏文帝曹丕下令禁止使用玉衣，从此玉衣在中国历史上消失了。

到了唐代，根据《唐实录》记载，高祖始定腰带之制，以玉带入官服，用以标志官阶的高低，因而带上的玉板（称为带板）均有一定之规。1939年四川成都永陵出土了玉大带、玉谥宝、玉册等玉器。玉大带上的龙纹均采用浅浮雕加饰阴刻的手法，婉转流畅，生动精美，玉带尾上刻有铭文。从铭文中得知玉料在永平五年（公元915年）曾经火焚，后被前蜀皇帝王建发现并命工匠制成玉带，它是中国玉器中唯一有确切纪年的玉带。谥宝印面阴文篆刻“高祖神武圣文孝德明惠皇帝谥宝”14字，造型当与王建属相有关，这也是在我国帝王陵墓中发现的仅有的几方谥宝之一，非常珍贵。安史之乱后，唐王朝开始衰败，后期用作祭祀的礼器大都以石代玉。

宋元时期，玉器逐渐摆脱了神秘感，向世俗化发展，表现出浓厚的生活气息，且仿古之风盛行。玉器造型以写实为主，简洁灵秀，出现了大量人物、花鸟形象的玉雕和玉带饰。1964年四川蓬安南宋墓葬出土有三螭纹玉璧、葵花玉饰、花鸟纹玉饰等；1981年7月四川广汉南宋窖藏出土有龟游荷花带饰、螭纹带饰、缠枝莲花玉饰、双鹅纹玉饰等；1980年12月成都营门口元代窖藏中出土有镂空莲鹭纹炉顶、双鹅带扣、联珠纹带、镂空玉佩以及四川绵阳市郊的宋墓中出土有玉带钩、玉簪等。这一大批玉质精美，雕琢细腻的玉器，无论是种类上，还是装饰纹样方面都充分体现出了这一时期强烈的时代特征。

明清时期玉器发展进入了辉煌时期，琢制技术达到历史最高水平，大小玉器主要是装饰品和观赏品，无不精美绝伦，充分体现出简练圆熟、富丽繁缛的风格。四川盆地出土的大量明侯王、王妃墓葬，大多被盗严重，出土玉器数量非常稀少。1978年在成都龙泉王妃墓、成都凤凰山明墓、四川平武明代家族墓和平武县枕留村明墓均出土了一批做工精细的玉器，种类以装饰品为主，有玉带饰、玉簪、玉珠、钗、玉佩、玉贴饰等。这为研究明朝时期中央与地方玉器制作的不同特点、相互关系、级别差异等提供了参考。1983年5月在成都市中心春熙路附近的四川宾馆工地清理的晚清窖藏中，出土了100余件玉器，大多为日常生活用器，种类有玉扳指、鼻烟瓶、鼻烟壶、烟嘴、烟管等。玉材以翡翠、白玉、青玉、黄玉、玛瑙、水晶为主，雕琢细腻，抛光考究，玉器上大多残留有使用痕迹。此外在成都近郊及四川绵阳等地的一些清墓中还出土了大量玉镯、玉戒子、玉耳坠、玉带钩、玉带扣等日常装饰用品，为清末民初玉器的断代提供了依据。

晶莹润泽的美玉，已经成为中国古代文明的一个重要标识！

当面对着四川盆地在那遥远的年代出现的三星堆、金沙奇迹时，也许我们永远都不能理解这些奇迹的真实意义；面对着那些五彩斑斓的玉石时，也不能完全解开在每一个玉石背后可能掩藏的隐秘历史谜团，但以三星堆和金沙文化中奇特夸张的青铜艺术，侈丽雍容的金箔技艺和绚丽秀雅的玉石雕琢所构成的古蜀国神秘的艺术世界以及折射出的古蜀人特异的文化心理，很值得我们玩味和探索。

瞿映华
资深收藏家
四川省古玩收藏协会副会长
明宗信
资深收藏家
成都市收藏家协会翡翠专委会主任

[清] **三狮戏球青翡翠盖鼎** 高14.3cm 直径8.4cm
Green Lidded Emerald Tripod with Pattern of Three Lions Playing with a Ball from the Qing Dynasty
Size:Height 14.3cm Diameter 8.4cm

[晚商至西周] **兽面纹玉钺** 长11.4cm 高22.4cm
Jade Yue (Battle-axe) with Pattern of Beast Face from the Late Shang Dynasty to the Western Zhou Dynasty
Size:Length 11.4cm Height 22.4cm

[晚商至西周] **玉戈** 长4.3cm 高36.2cm
Jade Ge (Dagger-axe) from the Late Shang Dynasty to the Western Zhou Dynasty
Size:Length 4.3cm Height 36.2cm

［明］**带版** 长15.5cm 高6cm
Jade Pieces with Incised Pattern from the Ming Dynasty
Size:Length 15.5cm Height 6cm

［清］**和田玉带钩** 长14cm 宽2.8cm
Hetian Jade Belt Hook from the Qing Dynasty
Size:Length 14cm Width 2.8cm

[汉] **谷纹玉剑stick** 长8.2cm 宽2cm
Jade Jian-Bi with Auspicious Omen Beast in Cereal Pattern from the Han Dynasty
Size:Length 8.2cm Width 2cm

[清] **菊花纹碧玉扁瓶** 高35.4cm 口径4.3cm
Green Jade Flask with Chrysanthemum Pattern from the Qing Dynasty
Size:Height 35.4cm Caliber 4.3cm

[商] **玉琮** 高11cm 直径9cm
Jade Cong from the Shang Dynasty
Size:Height 11cm Diameter 9cm

[汉] **钩莲云纹青玉环** 直径5.2cm
Gray Jade Ring with the Pattern of Lotus Clouds from the Han Dynasty
Size:Diameter 5.2cm

［商］**有领玉璧** 高2.3cm 直径12cm
Collared Jade Disk from the Shang Dynasty
Size:Height 2.3cm Diameter 12cm

[五代 前蜀] **永陵玉大带** 尾长19.5cm×6.9cm×0.9cm 玉（七方）7.4cm×8.2cm
Yongling Jade Belt from the Earlier Shu Period of the Five Dynasties
Size:Tail length19.5cm×6.9cm×0.9cm
Jade(seven square pieces)7.4cm×8.2cm

[晚商至西周] **玉璋** 长43cm
Jade Zhang (Tablet) from the Late Shang Dynasty
to the Western Zhou Dynasty
Size:Length 43cm

［商］**玉璋** 长60cm
Jade Zhang (Tablet) from the Late Shang Dynasty
Size:Length 60cm

[宋] **和田玉鸳鸯** 长5.8cm 高4.5cm
Hetian Jade of Mandarin Ducks
from the Song Dynasty
Size:Length 5.8cm Height 4.5cm

[金辽] **孔雀玉童** 长2cm 高5.2cm
Imported Marble of a Child with a Peacock
from the Liao Dynasty and Jin Dynasty
Size:Length 5.2cm Height 2cm

［明］**岫玉镯** 直径8.4cm
Xiuyan Jade Bracelet from the Ming Dynasty
Size:Diameter 8.4cm

［明］**牧牛摆件** 长7.5cm
Jade Decoration of Herding Buffalo
from the Ming Dynasty
Size:Length 7.5cm

［清］**和田玉香筒** 高35.5cm
Hetian Jade Incense Tube from the Qing Dynasty
Size:Height 35.5cm

[清] **白玉八宝镇纸** 高2cm 直径12cm
White Jade Paperweight with the Pattern of Eight Treasures from the Qing Dynasty
Size:Height 2cm Diameter 12cm

[晚商至西周] **凹刃玉凿** 长25.7cm 宽6.4cm
Jade Chisel with Concave Blade from the Late Shang Dynasty to the Western Zhou Dynasty
Size:Length 25.7cm Width 6.4cm

[清] **和田玉挂件** 长6cm
Hetian Jade Pendant from the Qing Dynasty
Size:Length 6cm

[清] **玉座屏** 宽195cm 高27cm
Jade Screen from the Qing Dynasty
Size:Width 19.5cm Height 27cm

[商] **玉斧** 长6cm 宽3.5cm
Jade Axe from the Shang Dynasty
Size:Length 6cm Width 3.5cm

[商] **玉戈** 长29.6cm 宽6.7cm
Jade Dagger-axe from the Shang Dynasty
Size:Length 29.6cm Width 6.7cm

[新石器时代] **十节玉琮** 高22.2cm
Jade Cong in Ten Sections from the Neolithic Age
Size:Height 22.2cm

［明］**汉白玉印玺**

White Marble Imperial Seal from the Ming Dynasty

明 武宗于正德八年（1513）敕与广德寺
第一行为中文“勅赐广德禅寺”
第二行为缅甸文
第三行为僧伽罗文
第四行为巴利文之拉丁字母
此三行外文意思即“佛陀正定”。文字凹刻，四周饰以双龙戏珠及海水红日的图案。

Emperor Wuzong granted the seal to Guangde Temple by edict in the eighth year of Zheng De (1513).
The first line is “Herein Grant the Seal to Guangde Temple”.
The second line is in Burmese.
The Third line is in Sinhala.
The fourth line is the Latin letters of Pali.
The meaning of the three foreign languages is “the Buddha’s mental exercises in silence(Zhengding)”, which are diaglyphed and decorated with patterns of two dragons playing with a pearl and a red sun rising from the sea.

［宋］**和田玉印玺**
Hetian Jade Imperial Seal from the Song Dynasty

宋真宗于大中祥符四年（1011）正月敕与广德寺
印面文字为“勅赐广利禅寺观音珠宝印”
Emperor Zhenzong of the Song Dynasty granted the seal to Guangde Temple by edict in the lunar January of the fourth year of Dazhong Xiangfu (1011). The characters on the seal are “Herein Grant the Seal of Guanyin (a Bodhisattva) Jewel to Guangli Temple”.

[明] 田黄印章
Tianhuang Seal from the Ming Dynasty

边款:壬未秋月浚谷作
The Side Section: Carved Chapter by Jun Gu in Autumn from the Ming Dynasty.

[晚商至西周] **四出有领牙玉璧** 直径26.4cm
Collared Jade Disk with Four Teeth Shaped Protrusions from the Late Shang Dynasty to the Western Zhou Dynasty
Size:Diameter 26.4cm

第四章 金银铜

Chapter Four • Gold Silver Copper

[西周] **象首耳兽面纹 铜罍** 高70cm
Bronze Lei (an Ancient Urn-shaped Wine Vessel) with Elephant Head Shaped Handles and Beast Face Pattern from the Western Zhou Dynasty
Size:Height 70cm

［汉］ **陶座铜摇钱树** 高90cm
Bronze Coin Tree with Pottery Stand
from the Han Dynasty
Size:Height 90cm

[春秋] **蟠虺纹鼎** 高19.5cm
Tripod with Snake Pattern from the Spring and Autumn Period
Size:Height 19.5cm

[西周] 甗 高38cm 口径28.2cm
Yan (a Type of Bronze Cooking Vessel) from the Western Zhou Dynasty
Size:Height 38cm Caliber 28.2cm

[晚商至西周] **青铜立人** 高19.6cm
Bronze Standing Figurine from the Late Shang Dynasty to the Western Zhou Dynasty
Size:Height 19.6cm

［晚商至西周］**铜虎** 长20.5cm 高8.7cm
Bronze Tiger from the Late Shang Dynasty to the Western Zhou Dynasty
Size:Length 20.5cm Height 8.7cm

[战国] **虺龙纹 大鼎** 高33.5cm
Large Tripod with Dragon Pattern from the Warring States Period
Size:Height 33.5cm

［清］**铜胎纹兽耳 香薰** 长22cm 宽11.2cm 高26cm
Bronze Incense Burner with Animal Shaped Pattern and Knob from the Qing Dynasty
Size:Length 22cm Width 11.2cm Height 26cm

［清］**铜香炉（仿宣德款）**直径16cm
Bronze Censer (Imitation of Xuan De Style) from the Qing Dynasty
Size:Diameter 16cm

清] 压经炉（仿宣德款）直径18cm
ronze Tripod Tenser (Imitation of Xuan De Style) from the Qing Dynasty
ize:Diameter 18cm

[清] **马槽炉（仿宣德款）**直径14cm
Manger Shaped Bronze Censer (Imitation of Xuan De Style) from the Qing Dynasty
Size:Diameter 14cm

[战国] **虎纹铜戈** 援长17.8cm 内长7.5cm 胡长8cm
Bronze Dagger Axe with Tiger Stripe Pattern from the Warring States Period
Size:Length 17.8cm Inner length 7.5cm Width 8cm

［战国］**十方王印** 边长3.6cm
King’ s Seal of the Whole District from the Warring States Period
Size:Length of side 3.6cm

[西周] **蟠龙盖兽面纹 铜罍** 高48cm
Bronze Lei with Curled-up Dragon Knob and Beast Face Pattern from the Western Zhou Dynasty
Size:Height 48cm

[晚商至西周] **铜人面形器** 长15cm 高15.3cm
Human Face Shaped Bronze Ware from the Late Shang Dynasty to the Western Zhou Dynasty
Size:Length 15cm Height 15.3cm

[晚商至西周] **带柄铜有领璧形器** 直径10.2cm
Collared Disk Shaped Bronze Ware with Handle from the
Late Shang Dynasty to the Western Zhou Dynasty
Size:Diameter 10.2cm

[明] **镂雕人物金发饰** 最高处约6.5cm 最宽处约20cm
Golden Hair Accessory with Incised Figure Pattern from the Ming Dynasty
Size:Maximum height about 6.5cm Maximum width about 20cm

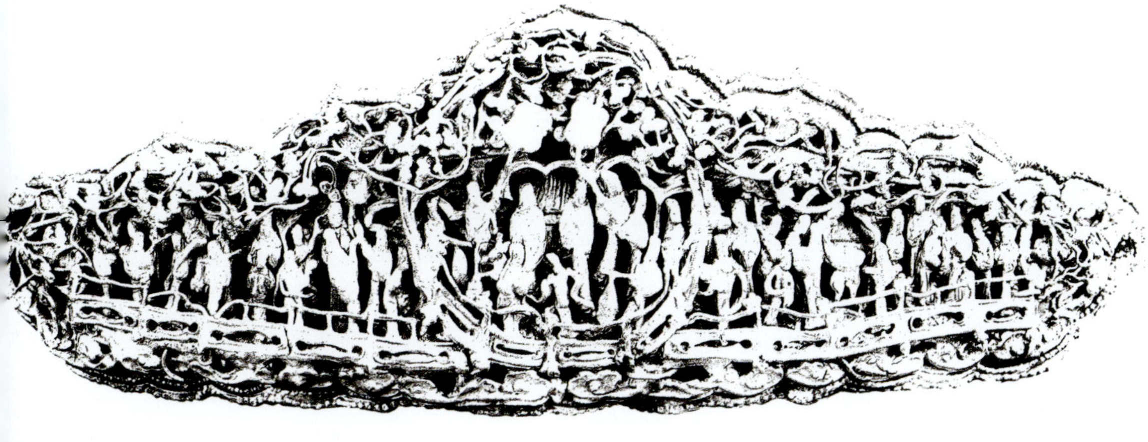

[宋] **芙蓉花瓣纹金碗** 高4.8cm 口径9.1cm
Golden Bowl with Hibiscus Petal Pattern from the Song Dynasty
Size:Height 4.8cm Caliber 9.1cm

[唐] **金凤钗** 花长16cm 簪17.5cm
Hairpin with a Golden Phoenix from the Tang Dynasty
Size:Decoration length 16cm Pin length 17.5cm

[清] **莲瓣纹铜鎏金盖罐** 高14cm 口径8.7cm
ilded Bronze Lidded Jar with Lotus Petal Pattern from the Qing Dynasty
ize:Height 14cm Caliber 8.7cm

［清］**铜鎏金大白伞盖佛母像** 高17.5cm
Gilded Bronze Statue of Mother Buddha with the White Parasol from the Qing Dynasty
Size:Height 17.5cm

［10-11世纪］**金刚萨埵** 高34cm
Vajrasattva from the 10th -11th Century
Size:Height 34cm

［明］文殊菩萨 高15cm
Statue of the Manjusri Bodhisattva from the Reign of Yong Le of the Ming Dynasty
Size:Height 15cm

［元］铜鎏金罗汉坐像 高81cm
Gilded Bronze Brass Statue of the Sitting Buddha Covered with Gold Leaf from the Yuan Dynasty
Size:Height 81cm

［清］**金地粉彩佛** 高29.4cm
Statue of the Buddha with Pastel Decoration against Golden Ground from the Reign of Qianlong of the Qing Dynasty
Size:Height 29.4cm

［秦］**连狐蟠螭纹镜** 直径9.5cm
Mirror with Arc Lines and Interlaced Dragon Pattern from the Qin Dynasty
Size:Diameter 9.5cm

［唐］**万字镜** 直径13.5cm
Bronze Mirror with Swastika
from the Tang Dynasty
Size:Diameter 13.5cm

［汉］**虺纹镜** 直径17cm
Bronze Mirror with Snake Pattern
from the Han Dynasty
Size:Diameter 17cm

[汉] **长乐未央叶纹镜** 直径13.5cm
Bronze Mirror with Leaf Pattern for a Blessing of Endless Joy from the Han Dynasty
Size:Diameter 13.5cm

[汉] **规矩镜** 直径16cm
Bronze Mirror with Square and Circle Pattern from the Han Dynasty
Size:Diameter 16cm

[汉] **星云镜** 直径17cm
Bronze Mirror with Nebula Pattern from the Han Dynasty
Size:Diameter 17cm

青铜镜神韵

Bronze Mirror Ecstasy

文 Text＿唐嗣荣 唐健 Tang Sirong and Tang Jian

中国青铜镜有四千多年的发展历史，它萌芽于夏商，兴于战国，盛于汉唐，衰于宋元，直到明清逐渐被玻璃镜取代。战国、两汉和盛唐是我国青铜镜生产发展繁荣的高峰期，它以精良的铸技、美观实用的形式、华丽多姿的图饰、瑰奇繁杂的铭文，向人们昭示了中国古代青铜技术发展的脉络和数千年来古人审美观念及艺术情趣的变迁过程。实为我国古代文化遗产中的珍品，也是研究中华民族古代冶金技术、图案装饰、宗教艺术、民间传说、历史故事、文字演变以及各时代的政治、经济、文化和社会生活的可靠的实物参考资料。

多彩的艺术魅力

青铜镜图案物象众多，构思巧妙，从几何纹饰到灵异瑞兽、禽鸟花卉，从神仙世界到现实生活，从传说故事到道德说教，可以说是天上人间人神杂陈，动物植物交织并列；铭文内容丰富，涉及范围广泛，集中反映了当时的政治、经济、文化、社会生活和艺术风尚；雕刻手法多样，五彩纷呈，各具风格，有线条式、斜雕式、浅浮雕、高浮雕、透雕等。尤其是那些特种工艺镜，如彩绘镜、错金银镜、透雕镜、贴金银镜、金银平脱镜、螺钿镜、锡绘镜等，使我国青铜器工艺愈发显得华美壮观。锡绘镜是明代的一种特殊工艺镜，铭文和纹饰系用白色涂敷物描绘在镜背上，再经特种工艺处理而成。纹饰呈银白色，构成了富丽堂皇的“金银”装饰效果，深受藏家青睐。

由此可见，中国青铜镜的文化内涵，几乎涵盖了古人生活的所有领域。千百年来，人们使用它、收藏它、研究它，蔚然成风，已经成为中国文化遗产中历久不衰的独特品种。

古蜀青铜特色

古蜀的青铜器不仅发端时间早，而且青铜器金属成分及制造方法别具一格，在青铜器的形制和工艺方面，充分显示出古蜀国青铜文化的奇特内涵。从三星堆和金沙遗址出土的大批金、铜器揭示了早在五千多年前，古代蜀族已有高度发达的青铜文化。特别是三星堆青铜造像群和青铜器物显示，这个时期古蜀王国的铸铜手工业已经高度发达，青铜熔炼水平也已达到高级阶段并自成体系，具有鲜明的地域特色。可以说古蜀是中华青铜冶金术的发源地之一。因此，出现在四川各地的青铜镜历经千古，广传九州。在历代的传承过程中，它把广博的内容、高深的内涵，用美妙绝伦的技艺神奇含蓄地表现在方寸之中，充分体现出永不消竭的神韵。同时，作为后动文化制造的内力，它在社会组织、人伦观念、神化思维、宗教情感、巫术迷信、哲学观念、生产活动、艺术创造等方面全面予以了展现，发挥着组织、教化、认识、改造等功效作用。其丰富的文化内涵和独特的艺术魅力，将永远彪炳于史册。

唐嗣荣
四川省收藏家协会理事
唐　建
四川省收藏家协会会员

［清］**四川银锭**（西昌县当面打针双排戳十两）
Sichuan Silver Ingot from the Qing Dynasty (Stamped with "Dangmian dazhen" in Xichang County)

［清］**四川银锭**（夔关 三十一年十月 王义盛 税）
Sichuan Silver Ingot from the Qing Dynasty (Stamped with Wang Yisheng and Tax in Kui Guan in October of the Year of 31st)

［明］金币
Gold Coin from the Ming Dynasty

［清］宫钱
Palace Coin from the Qing Dynasty

［元］**上上大吉**（背面北斗七星）
Coin with Characters of Shang Shang Da Ji (Good Omen) from the Yuan Dynasty
(with Big Dipper Pattern in the Back)

［清］**八卦宫钱**
Coin with Eight Diagrams Palace Pattern from the Qing Dynasty

[唐] **得壹元宝**（背面上月）
Coin with Characters of De Yi Yuan Bao from the Tang Dynasty
(with the Pattern of the First Quarter Moon)

[战国] **文信**（吕不韦铸）
Coin with Square Hole and Characters of Wenxin from the Warring States Period (Moulded by Lu Buwei)

［宋］**龙凤**（背面十二生肖）
Coin with Dragon and Phoenix Pattern from the Song Dynasty
(With the Pattern of Twelve Chinese Zodiac Signs in the Back)

［战国］**两甾**
Coin with Square Hole and Characters of Liang Zi from the Warring States Period

［战国］封坪圆钱
Round Coin with Characters of Feng Ping from the Warring States Period

［战国］长垣一釿
Coin with Characters of Changheng Yijin from the Warring States Period

［战国］梁一釿
Spade Shaped Coin with Characters of Liang Yijin from the Warring States Period

[唐] **乾元重宝** （背瑞雀）
Coin with Characters of Qian Yuan Chong Bao from the Tang Dynasty(with the Pattern of Auspicious Bird in the Back)

[西夏] **大安宝钱**（西夏文）
Coin with Tangut Characters of Da An Bao Qian in Xixia

[宋] **交子模版** 长8.7cm 高1.6cm 宽6cm
Printing Plate of Jiaozi (the Earliest Currency in the World) from the Song Dynasty
Size:Length 8.7cm Height 1.6cm Width 6cm

北宋四川交子是世界上第一张流通纸币，它的发明应并列为中国第五大发明。一千多年来，交子的实物从未现身，给我们的历史学家、金融专家带来无比的困惑。

北宋四川交子藏品为青铜质地，呈水坑锈。为长方梯型，有不规则断口，长87~97毫米，宽50~60毫米，厚16毫米。一面光洁无文，另一面中有竖向三排文字，从左到右为拾柒日终，丙午，第贰界等反向文字，两边为交叉“田”字型图案。经钱币专家考证后认出其中“第贰界”“丙午　”等几个文字，具有北宋四川交子的多种特征，这件藏品应该就是北宋四川交子印版残件。

主要特征：

锈色包浆应是四川的水坑锈，与宋代四川钱币和器皿的包浆大致相同，铜质和北宋铁母相仿，藏品应该看宋。从锈色文字以及使用磨损状况来看都较为自然，业内同行一致认为不是现代伪作，看老不是新仿。

从文字花纹看应该是印版，大小和《东亚钱志》上交子钞版大小差不多。

藏品上有自然砸痕、断裂，人为毁坏，也符合交子钞版使用后毁版的特征。

文字“第贰界”应该理解为分期分批特定的一个时间段内。根据史料记载宋代交子钱都有界的区分，根据《湘山野录》卷上说：“公（张咏）以剑外铁缗镏重，设质剂之法，一交一缗，以三年一界换之。”《鹤山先生大全文集》卷八十九《敷文阁直学士赠通议大夫吴公（猎）行状》载：“蜀之楮币，旧号交子，随闰更易，曰兑界。”按宋代的历法，一般每隔三年，即有一闰年，所谓“随闰更易”，即是三周年一界，史籍中交待了交子分界发行，到期回收的制度，却未说明分界的原委。估计交子分界，是在当时纸张和印刷质量差的条件下，为防止别人伪造，以免贬值的一种措施。“丙午”应该是纪年，1006年正好是丙午年，是宋真宗景德三年。

宋真宗时张咏因以治蜀成就优异而又任职益州。宋真宗对张咏说：“得卿在蜀，吾无西顾之忧矣。”张咏到四川后整顿了混乱的交子铺，从交子户中，挑选了信誉良好、财力雄厚，以王昌懿为首的16户，作为官方认可支持并保护的交子特许经营户。要求16户严格监督管理私交子的印制、发行、运营，保证自由交换和随时兑现。于是，纸质相同、形制统一、印制精美、质量上乘的私交子以崭新面貌走向了市场，受到商家民众的欢迎并逐步接受到乐意使用。关于整顿交子铺的时间，戴志强先生在四川2006年3月18日西南财经大学货币证券博物馆、四川省钱币学会联合主办的“世界第一张纸币——‘官交子’诞生地学术研讨会上提出：四川北宋交子从诞生、演变再到发展，经历过四个阶段：第一阶段是交子诞生的初期（公元993年前），为了解决长途贸易中现钱搬运的繁难，它只是一种异地兑现的票据，还不是货币；第二阶段是“私以交子为市”时期（公元993年后）从这阶段以后，交子逐步取得货币地位，成为政府正式发行的法定货币；第三阶段是十六富商联保发行时期（公元1005年）；第四阶段是官交子时期（公元1023年），最终实现真正的货币化。

第五章

杂項

Chapter Five • Miscellaneous Items

汉代社会生活的生动写照

Vivid Pictures of Social Life from the Han Dynasty

—— 四川汉代陶俑

—— Sichuan Pottery Figurines in That Period

文/图 Text/Photo＿悠然 You Ran

汉代是中华文明发展成熟的重要时期，国家的统一促进了多元文化的融合，文字的便捷化带来了文化的突飞猛进，促进了文物典籍的整理、传承与发展，儒、道、佛、法思想的相互影响构建成治理国家及社会道德理念的基础，土地兼并与疆域拓展带来更多人员流动，社会从业形态趋于多样，厚葬之风的盛行给后世留下许多珍贵资料……这一切表明，我国汉代社会生活是多么丰富多彩。然而，由于年代过于久远，以竹木丝帛等材质为基础的绘画形象资料大都难以流传至今，石刻图像资料又十分稀少，我们怎么才能看到汉代人们生活的样子呢？四川汉代陶俑为我们打开了观察1 700多年前汉代社会生活的方便之门。

四川陶器源远流长，早在汉代以前，四川盆地即巴蜀地区的制陶术就十分兴盛。四川盆地东部的大溪文化（公元前4400～前3300年）、成都周边的营盘山文化（公元前3500～前3000年）、宝墩文化（公元前2700～前1800年）中的彩陶、夹砂陶和泥质陶都十分丰富。可以说，四川盆地一带也是中华文明的发源地之一。商周时期的三星堆文化、金沙文化的陶器更是丰富多彩，其中高足器、尖底器、篦纹器、打磨陶等陶艺水平很高。到了汉代，四川古墓中的大量汉砖、汉俑，详细记录了当时人们的宇宙观、人生观、社会习俗、精神风貌、礼仪、故事传说、生产方式与工具、建筑式样、城镇布局、山河桥梁、车马道路、牲畜、家禽、餐饮、娱乐、歌舞、音乐、服饰、生活习惯、动物饲养、生养与死葬……生动地再现了汉代社会生活的方方面面，可以说，它们是我国汉代社会生活的真实记录及生动写照。

击鼓说唱俑

灰陶制，制作于东汉时期，出土于四川成都天回山崖墓。它的造型极为生动，具有强烈的写实主义风采和极高的艺术感染力，深受国内外专家及观众的喜爱，被定为非常珍贵的一级文物，誉为我国古代雕塑艺术杰作。

站姿说唱俑

出土于四川成都新都区。他赤裸上身，身材矮

击鼓说唱俑 高55cm
Figurine of a Man Narrating and Singing with a Drum
Height 55cm

站姿说唱俑 高66.5cm
Figurine of a Man Narrating and Singing
Height 66.5cm

胖，大肚外露，神态活泼，表情生动，风趣幽默，显然是位男性专职说唱者。

在东汉历史学家班固（公元32年~公元92年）编撰的《汉书·霍光金日磾传》中有这样一段描写汉废帝刘贺（公元前92年~前59年）宫廷生活的情景："大行在前殿，发乐府乐器，引内昌邑乐人，击鼓歌吹作俳倡。会下还，上前殿，击钟磬。召内泰壹宗庙乐人辇道牟首，鼓吹歌舞，悉奏众乐。发长安厨三太牢具祠阁室中，祀已，与从官饮啖。驾法驾，皮轩鸾旗，驱驰北宫、桂宫，弄彘斗虎。"详细描述了汉代宫廷奢华生活情景，不但"击鼓歌吹作俳倡"，还"鼓吹歌舞，悉奏众乐"等等。西汉后期的散文家桓宽在《盐铁论散不足》中说："今富者钟鼓五（舞）乐，歌儿数曹。中者鸣竽调瑟，郑舞赵讴。"还说："今俗，因人之丧以求酒肉，幸与小坐而则辨，歌舞俳优，连笑伎戏。"可见汉代从宫廷到民间基层，百戏流行。从皇宫到街头巷尾，都可见到说唱、歌舞、器乐、杂技、角抵、魔术、斗兽等演出盛况，彰显出汉代盛世娱乐文化的繁荣。四川汉代陶俑正是这种繁荣景象的直接物证。

吹箫俑

出土于四川成都新都区。吹箫者眉眼清秀，带着几分稚气，十分可爱。双手与长箫悬空塑造，显得格外传神。在四川汉俑中，演奏的乐器除鼓、琴、箫外，还有埙、笙、瑟等。

抚琴俑

出土于四川成都新都区。抚琴者身材纤细，下颌稍尖，面容俊俏，面带微笑，双手悬于琴面之上正在拨弄着琴弦，我们仿佛听到了琴弦发出的悠扬旋律。汉代关于琴的著作很多，如：刘向《琴说》，扬雄《琴清英》，桓谭《琴道篇》，班固《白虎通德论礼乐》，蔡邕《琴操》、《琴赋》等。东汉时期盛行的"琴道"有着非同寻常的意义，正如马来西亚著名华裔古琴演奏家陈松宪先生所说："在东汉士人眼中，琴不单纯是歌诗演奏的乐器，而是修身养性的工具；有着教化天下、和合天地、通神明之德的功能。"

唱歌俑

她胸部丰满，头戴菊花，显然是位成熟女性。当时的唱词多为经典诗赋故事或即兴小作。汉代歌唱表演的流行，对我国文学的发展做出了重要贡献，为后来建安文学及唐诗、宋词的辉煌，奠定了基础。这件陶俑周身多处残留着红、黑、白彩绘痕迹。四川汉代陶俑多为彩绘俑，可惜由于四川多水，经过一千七百多年的沧桑岁月，加之出土后的风化，几乎所有出土汉俑的彩绘已消失殆尽，能看到局部残留彩绘已很难得。

文职俑

几乎所有的文职俑都是衣帽端正的站姿，似

吹箫俑 高61cm
Figurine of a Man Playing the Xiao
Height 61cm

乎是管家。

持镜俑

出土于四川成都郫县宋家林，该俑衣褶与纹饰非常清晰，红色彩绘相当鲜明。有一个十分有趣的细节：持镜女子左右手的食指和中指上都戴着指环。指环在我国已有五千年以上的历史，不过，这种一千七百多年前把指环戴在手上的生动形象，还是十分难得一见的。

舞蹈女俑

耳部佩戴耳饰。她体态轻盈，婀娜多姿，很像汉成帝皇后即被称为绝世舞姬的赵飞燕。我国汉代这种轻盈柔美的舞姿，后来构成了世界东方舞蹈最基本的特征。从四川汉代画像砖画面中还可以看到汉代的盘鼓舞，女舞者手舞长袖，在二鼓、六盘上翩翩起舞，格外妖娆。东汉人傅毅撰写的《舞赋》对东汉歌舞有细致入微的描绘，是研究汉代歌舞的重要文字资料。而四川汉陶则提供了直接的形象资料。从四川汉代陶器中还可看到，当时除了歌舞、器乐演奏之外，还有叠高、倒立、跳丸、手搏、六博、骑吹、骆驼载乐等娱乐文化活动。

汉代盛行“事死如事生”的厚葬之风，竭力希望让逝者过上较好的生活，直至升天成仙，以便保佑生者行好运。因此墓中不仅有歌舞说唱之类的陶俑，还有武士俑、文职俑、提罐俑、持镜俑、哺乳俑、庖厨俑、持锸持箕俑以及动物、牲畜等俑，还有家畜圈及院落楼阁。

提罐俑

出土于四川成都天回山崖墓。提罐者头梳双髻，身穿交襟广袖长袍，紧袖束腰，面目端庄，双手提罐，步态轻松，生动可爱。四川陶俑为我们提供了汉代社会各类人员服饰和发型的直观资料。

哺乳俑

出土于四川资阳市南市崖墓。慈祥的少妇身着交襟广袖长裙，盘坐敞怀，正把丰乳之端送入婴儿的口中，显得十分温馨、安详。这是一件歌颂母爱的艺术佳作。这种题材的汉代陶塑作品是非常珍稀的。

庖厨俑

三国蜀汉时期的作品。出土于四川忠县涂井崖墓。厨师面前摆着鸡、鸭、鱼、鳖、蟹、小狗、姜等。著名的川菜起源于古代的巴国和蜀国，据《华阳国志》记载，巴国“土植五谷，牲具六畜”，蜀国则“山林泽鱼，园囿瓜果，四代节熟，靡不有焉”。川菜系统的形成，正是秦、晋之间的汉代。根据《太平御览》记载，当时曹操在《四时食制》中特别提到：“郫县子鱼，黄鳞赤尾，出稻田，可以为酱……黄鱼大数百斤，骨软可食，出江阳、犍为。”郫县、江阳、犍为都是四川地名，可见当时川菜已名扬天下。通过这件蜀汉时期的庖厨俑，我们窥到了当时川菜厨事的盛况。

抚琴俑 高60cm
Figurine of a Man Playing the Guzheng
Height 60cm

唱歌俑 高56cm
Figurine of a Man Singing
Height 56cm

佩刀持箕持锸俑

出土于四川成都新津县堡子山砖墓。这位身材魁梧、体格健壮的中年男子，身着交襟短袍，紧卷两袖，左手持箕，右手持锸，腰间佩刀，足穿草履，头戴平顶帻，好一副田间劳动者的模样。所持之锸就是后来的锹，箕就是现在还在使用的撮箕。他穿的那种草鞋，在南方一直延续至今。平顶帻可谓近代流行的鸭舌帽的先祖，战国时期的帻就是个布条子，汉代发展为帽子状，汉代是我国服饰发展成熟的重要时期。这位汉子腰间那把约有半米之长的刀，格外引人注意，这可能跟汉代的屯田制有关。屯田始于西汉文帝十一年（公元前169年），汉文帝刘恒以罪人、奴婢和招募的农民戍边屯田，汉武帝也调发大批戍卒屯田西域。当时军屯和民屯，主要集中于西北边陲。屯田不但有利于解决边防的供给问题，而且有利于变荒山野岭为良田，传播了农耕技术，扩展了耕地面积，巩固了开拓的疆域。东汉末年，战争不断，土地荒芜，粮食短缺。建安元年（公元196年），曹操采纳枣祗、韩浩的建议，在河南进行屯田。刘备在四川也进行了屯田。魏末咸熙元年（公元264年）废除民屯，军屯也渐衰。这件汉俑正是这段屯田史的例证。

骏马俑

出土于四川成都、遂宁等地。马是古代重要的战略资源，不但是冷兵器时代打仗快速进退的法宝，而且还是农耕、商旅不可缺少的运载工具。汉代马匹在巩固疆域、拓展丝绸之路方面发挥过重要作用。这些骏马气势磅礴、刚健有力，正是大汉雄风的生动体现。

家禽俑

汉代饲养的家禽、家畜种类，已跟现在几乎一样。特别需要说明的是：四川汉墓出土的不少陶犬，跟今天的川东猎犬十分相似，这一古老犬种值得特别珍惜与保护。

辟邪人物陶座

这件罕见的辟邪人物陶座内容丰富，造型精美，寓意深奥，它表现出主人升天的愿望。

人物动物纹陶灯

灯是古代重要的照明工具，如此高大、复杂、精美的汉代陶灯可谓灯之瑰宝。

这些汉陶的展示，仿佛让我们看了一部汉代社会生活实录大片，跟汉代同胞来了一次亲密接触。其实，四川汉陶有上千种之多，这不过是窥豹一斑，更多、更精彩的题材与内容，等待发掘与研究。

悠　然
古陶瓷鉴赏家
成都市收藏家协会顾问

文职俑 高28cm
Figurine of a Civil Official
Height 28cm

持镜俑 高47cm
Figurine of a Woman Holding a Mirror
Height 47cm

提罐俑 高55cm
Figurine of a Man Carrying Jars
Size:Height 55cm

舞蹈女俑 高28cm
Figurine of a Dancing Woman
Size:Height 28cm

佩刀持箕持锸俑 高85.8cm
Figurine of a Man with Knife
Carrying a Dustpan and a Spade
Size:Height 85.5cm

庖厨俑 高43cm
Figurine of a Cook
Size:Height 43cm

哺乳俑 高22cm
Figurine of a Woman
Breast-feeding a Baby
Size:Height 22cm

骏马俑 高120cm
Figurine of Horses
Size:Height 120cm

猪俑 长25cm
Figuring of a Pig
Size:Length 25cm

鸡俑 高22cm
Figuring of a Hen
Size:Height 22cm

犬俑 长65cm
Figuring of a Dog
Size:Length 65cm

辟邪人物陶座 高50cm
Pottery Stand of Men against Evil Spirit from the Eastern Han Dynasty
Size:Height 50cm

人物动物纹陶灯 高50cm
Pottery Lamp with Pattern of Men and Animals from the Eastern Han Dynasty
Size:Height 50cm

蜀风汉画遗韵

Lingering Charm of Paintings of Sichuan Style from the Han Dynasty

——怡汉轩藏新出土的东汉画像砖

——Brick Reliefs from the Eastern Han Dynasty Collected by Yihan Xuan

文 Text＿振宇 志红 Zhen Yu and Zhi Hong

自上个世纪30年代以来，作为中国美术史重要组成部分的四川汉代画像砖即以其浓郁的地域特色和高超的艺术成就享誉海内外，得到鲁迅、郭沫若、梁思成、常任侠等学者的高度重视。中国国家博物馆、故宫博物院、四川省博物院都收藏有四川汉代画像砖精品。这些汉画砖虽然被发现历史悠久并被众多著名博物院收藏，但因其质朴渊涵、粗犷大气，前些年憾不为世人所赏识，几成冷僻之物。近年来随着西部改革开放的深入，重要考古发现的层出不穷，四川汉代画像砖与三星堆青铜器、金沙玉器、南朝石刻等远播海外。作为中国特定时期重要地域文化代表的四川汉画砖以其内涵丰富、气韵生动、风格独特在中华文明史上占有重要地位，可谓为中国美术史上的一座丰碑。

怡汉轩收藏的四川汉代画像砖已居国内藏界之首，并成为考察、研究四川古代社会生活和艺术发展的珍贵资料。下面展示的这些画像砖均为从未面世的珍稀品种，从中能感受到四川汉代画像砖艺术的浑厚及朴拙之美。它对于研究汉代社会的农业生产、市集贸易、民间信仰等具有重要价值。

鼓吹

泥质灰陶、模制、局部残缺，出土于四川大邑县。骑上四人着宽袖长袍，正在奏乐。右边一骑上树鞀鼓，上植羽葆。一人双手握槌作击鼓状。其后一人手捧排萧吹奏。后面两人左手握有柄铙，右手握一短槌作击打状。皆彩头结尾，缓步前行。此砖与成都博物院藏六人分两行作骑吹状画像砖非常相似。此砖在人数上虽比骑吹画像砖少两人，但精彩程度却有过之而无不及。

莲塘弋射

泥质灰陶、模制、右下端残留彩绘，出土于四川广汉市。画面分左右两部分。右为莲塘，莲花垂露，荷叶浮于水面，清风微拂，飞禽、鱼、鸭游戏其间，万物勃发，生机盎然。左为弋射，一人仰头弋射，旁站一人，一手拿叉，一手提笼，拭目以待。此砖在艺术表现上极为高超，一条流畅的曲线把整个方框巧妙地分割为两个部分，而天上的飞鸟又将整个画面巧妙地连接在一起。画面构图简洁，疏密得宜，一繁一疏，一虚一实，一动一静，和谐统一，生动再现了东汉时期成都平原的田园风光。

狩猎

泥质灰陶、模制、局部残缺,出土于四川广汉市。此砖以狩猎归来为表现主题，残砖上三人满载而归，手舞足蹈，兴高采烈。制作精美，技法高超，系先模印出轮廓，再用竹刀勾勒出画像的细部线条，运用飞扬流动的线条和夸张变形的人物形象将狩猎归来的喜悦神情刻画得淋漓尽致，线条劲挺奔逸，给人以强烈的飞动

鼓吹 长49cm 宽43cm 高5.5cm
Brick Relief of Drumming and Playing the Instruments
size:Length 49cm Width 43cm Height 5.5cm

莲塘弋射 长45cm 宽25cm 高6cm
Brick Relief of Hunting Beside Lotus Pond
Size:Length 45cm Width 25cm Height 6cm

狩猎 长34cm 宽26cm 高6cm
Brick Relief of Hunting
Size:Length 34cm Width 26cm Height 6cm

市集 长47cm 宽37cm 高6cm
Brick Relief of Kermess
Size:Length 47cm Width 37cm Height 6cm

感，简直可以说是呼之即出，让每个观赏者都能感受到其中的惊喜。

市集

泥质灰陶、模制，出土于四川邛崃市,汉代的市、列均有墙围绕称为阛。因有垣，则需设门，市门称为阓。市井被分割成整齐的四块，每肆各居一隅，肆内筑有一排商店，按不同商品分别设置，称之为列。

该砖生动形象地展现了四川城乡集市贸易和民众日常饮食的情景。画面左上端为一酒肆。酒肆内设一台，台下置一酒缸，四小罐、一方型容器。二商贾正与买家议价，一穿短衣短裤的仆役挑着二罐美酒高兴离去。左下角为一案，上有猪头和猪腿，商贩磨刀霍霍。右下角为一鱼铺，案上有鱼两尾和水一碗，旁置一罐。人群熙熙攘攘，吵闹杂乱的讨价还价之声不绝于耳。

棚车出行

泥质灰陶、模制，出土于四川邛崃市,画面正中为一乘卷蓬大车，马彩头结尾。一长髻妇女手扶幼童端坐于车内，车前一仆人抚辕而行。车行缓慢而平稳，三仆役手持便面，步行跟从，边走边摇。车前有一幼犬，摇头摆尾，甚是可爱。该砖生动再现了汉代贵族妇女出行时的场景，充满了浓郁的日常生活气氛。

大车出行

泥质灰陶、模制、局部残缺，出土于四川彭州市,画面正中为一辆有席蓬直辕大车。车前驾一马，蓬口坐一手持缰绳，当为御者。车后一伍伯，一手执盾握矛，一手按刀，双眼圆睁，注视着四周，负责安全事务。在汉代文献中此种大车为载重货车，重要人物一般不坐此棚车。构图简洁，布局疏密得宜，在奔马的刻画上尤其成功。强健的骨骼、饱满的肌肉、飞扬的速度、冲涌的力量被民间工匠表现得一览无遗。虽历经千载，仍闪耀着艺术光辉。

志　红
四川省美术家协会理事
全国艺术教育联合会名誉会长

棚车出行 长47.5cm 宽38cm 高6cm
Brick Relief of Outing in Box Wagon
Size:Length 47.5cm Width 38cm Height 6cm

大车出行 长45cm 宽26cm 高6cm
Brick Relief of Outing in a Coach
Size:Length 45cm Width 26cm Height 6cm

四川汉代画像砖传统性文化

Traditional Sexual Intercourse Paintings Sex Culture of Sichuan Brick Reliefs from the Han Dynasty

文 Text＿高文 Gao Wen

四川汉代画像砖，以其独有的地域色彩、内容丰富、题材广泛、制作精良而驰名中外，是中国汉代画像砖中的佼佼者。其中反映乡村田园生活及副业生产、市肆买卖等题材是中原等地的汉画砖中所没有的；其他大量的内容则是反映贵族地主生活的车马仪仗、乐舞百戏等，亦有少量的历史故事、星象图及原始的“佛像”“佛塔”。另外，表现羽化升天、神仙、星辰、瑞兽、仙禽等的画像也相当普遍。古人用朴素的手法和真实情感，把自己熟悉和喜爱的劳动生活场面，描绘得栩栩如生，生机盎然，充分反映出汉代四川农业生产、生活兴旺发达的真实面貌。而神话人物、传说与古蜀人对长生不死的渴望，既充分反映了古蜀人的神仙思想和祥瑞观，又表现出艺匠们的创造力和想象力，因而具有强烈的时代气息和地方特点，有很高的历史和艺术价值。

四川汉代画像砖不但继承和发扬了先秦时期雕塑、绘画艺术的传统，而且为魏晋雕刻、绘画艺术的兴起开辟了道路，特别是与佛教艺术和传统性文化的交融，达到了一个前所未有的高峰。民间习俗中反映原始初民性崇拜的“野合”“秘戏”等性文化画像砖尤为突出，

在中国整个文化史的长河中，性文化可谓贯穿始终。它是一个国家或民族在长期历史中形成的性观念、习俗、行为，以及有关性的知识、文艺、道德规范和诸般社会体制等。上古时代，人们一直对性行为十分崇拜，这可以通过一些汉字的衍生、文物的图案、岩石上的壁画以及宗教建筑等反映出来。中国性文化历史悠远、俊伟，发展又是那么含蓄而深邃。以性崇拜为基础是传统性文化的特征。清代养生家曹庭栋的《老老恒言》说得好，男女之欲，乃阴阳自然之道。在古人看来，性是人的自然本能，是每个人应该获得满足的最基本要求。由此可见性文化几乎和人类生活的各个领域都有密切的关系，这是因为创造文化离不开人、离不开人的繁衍。但凡音乐、舞蹈、雕塑、绘画、诗词、小说、戏曲等都包括有一定数量的性内容。性爱已成为文学艺术永恒的主题，从而构成中国性文化中一个丰富多彩的重要内容。

20世纪50年代，四川出土的部分《野合图》《交媾图》《秘戏图》汉画砖上反映出的性文化直露且夸张，追求性享受，可见古人并不忌讳谈性。如成都新都区出土的两块野合图砖，就是极为罕见的艺术珍品。因涉及到“色情”，出土数十年未获“理解”。直到改革开放后才掀开它的神秘面纱，首次向国人开放展示，并于近几年连续到国外展出。

关于“野合”，最早的文字记载是《周礼·地官·媒氏》：“仲春之月，令会男女，于是时也，奔者不禁；若无故不用令者，罚之，司男女之无夫家者而会之。”中国古代思想家、教育家、圣人孔子就是其父叔梁纥和母颜氏野合而生。梁玉绳《史记志疑》称：“古婚礼颇重，一礼未备，即谓之奔，谓之野合……颜氏以父命为婚，岂有六礼不备者，盖因纥偕颜祷于尼山而为之说耳。”清人崔适《史记探源》：“纥与颜氏祷于尼丘野合而生孔子，于尼丘扫地为祭天之坛而祷之，遂感而生孔子，故曰野合。”汉代出现野合画像砖，正是这种性开放风俗在艺术上的表现。画像砖上表现出的寻欢作乐的场景，可能是起着一种“厌胜”作用，亦是汉代人为乞求幸福生活，期望子孙繁衍、昌盛之意，也是自古以来生殖崇拜的具体表现。

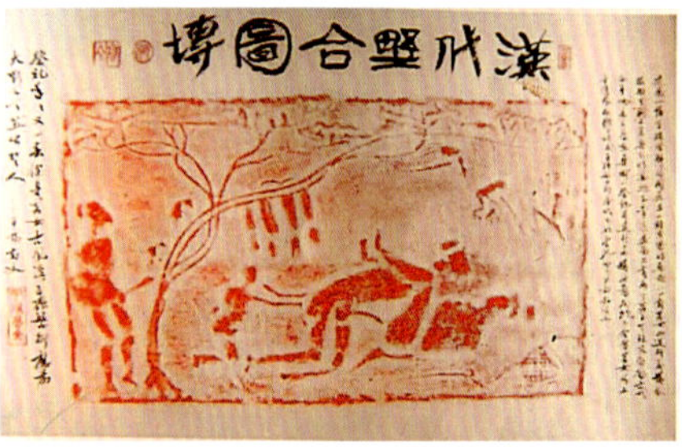

野合图画像砖拓片
Rubbing of brick relief of Sexual Intercourse

交媾图画像砖拓片
Rubbing of brick relief of Sexual Intercourse

高　文
中国汉画学会副会长
四川省钱币学会副会长
四川省收藏家协会副会长
四川省文物指导委员会副主任

［汉］**出行图画像砖** 长41cm
Brick Relief of Outing from the Han Dynasty
Size:Length 41cm

［汉］**宴饮图画像砖** 长41cm
Brick Relief of Feasting from the Han Dynasty
Size:Length 41cm

［汉］**骆驼载乐画像砖** 长40cm
Brick Relief of Camel Carrying Jian-drum from the Han Dynasty
Size:Length 40cm

［梁］**背屏式佛坐像** 高46.2cm
Statue of Sitting Buddha with Back Screen from the Liang Dynasty
Size:Height 46.2cm

［汉］**浮雕石棺** 长237cm 宽72cm 高121.5cm
Anaglyph Sarcophagus from the Han Dynasty
Size:Length 237cm Width 72cm Height 121.5cm

[汉] **陶楼** 长46.5cm 宽18cm 高63cm
Pottery Building from the Han Dynasty
Size:Length 46.5cm Width 18cm Height 63cm

千回梦寻边塞曲 万里关山话收藏

Dreaming of the poems of distant little frontier towns for thousands of times,And dealing with the collection after traveling in mountains for hundreds of thousands of miles.

文 Text _ 万元 Wan Yuan

华夏盛世，正逢以习近平同志为总书记的党中央大抓两个文明建设的今天，话军事收藏，忆军事藏品，在风云沧桑的历史长河中寻硝烟烽火，觅战争古迹，论古今将帅，这在四川收藏界是一件大事，是一件兴事。

何为军事藏品？我的理解就是与国家的防务、民族斗争相关的器物。军事的主体是军队，所涵盖的内容相对狭窄一些，但可伸展到与军事有关的政治、经济、科技、教育、文化、外交等方面的物件。军事藏品，是与战争、军队、军人等有关事务联在一起的。包括国家的独立、民族的解放、朝代的更新、军阀的割据等战争中的物品。再往外延伸，还包括战争准备与战争实施、国防与军队建设、国际军事安全与合作等活动中的物件。一句话，可以涵盖古代和当代军事斗争的全部内容。

军事藏品，有很强的战争历史感。人们往往不是在战争期间而是在和平年代才会去追忆那些在战争过程中产生的珍贵的人和物。早在两千多年前的《左传·成公十三年》中就有“国之大事,在祀与戎”的记载，就是这种认识的概括与揭示。与之相联系,军事藏品在军事历史中，有着丰厚的积淀，成为华夏文明的主体构成部分之一。在今天,我们要正确认识和全面把握四川历史发展的脉络，总结四川文明的辉煌成就，军事藏品就必然占有一席之地。但是，由于军事的特殊性，使军品收藏在很长一段时间里处于相对沉寂与薄弱的状态。主要表现为军事藏品成果数量有限，影响微弱，这也是四川收藏界的一种欠缺，当然影响了收藏成果的整体性与质量提升。值得庆幸的是，四川省古玩收藏协会以及军队部分老首长、老红军对军事藏品的热爱和重视，使漠视军事藏品的局面正在逐渐得到改变，其收藏的内容渐趋充实，收藏的方法渐趋多样，收藏的成果渐趋丰富，从而为军事藏品的全面繁荣奠定了坚实的基础。

每一件军事藏品,都浸润着历史的庄严,饱含着华夏民族不屈的精神。军品收藏，其精髓不在于物品本身，而在于这些军事藏品所折射出的军事历史价值。在漫漫长河中，军队挥洒了历史的大手笔；在南征北战中，军队谱写了英雄的交响曲。从那些军事藏品中，我们看到了军人关山万里，横刀立马，抵御外敌，血染战旗的历史画卷和不朽的风采。

或许是军人之子，或许是从军之因，或许是兴之所致，那些难得的军用电话机、报话机、各种枪械等历史军品就像精灵一样附在我的灵魂深处，常常激荡起我内心的风暴与激情，渐渐变成一种爱好，也使我的生活因这些爱好而变得更加兴趣盎然。

上世纪80年代中期,我在驻渝某野战军机关任新闻干事,那年部队去四川北部的广元地区进行实弹演习。这里大巴山绵延数百公里，横亘在四川和陕西之间，形成一道天然屏障。70多年前，中国工农红军第四方面军就是以这些大山为依托，建立起了仅次于中央苏区的中华苏维埃共和国政府。演习间歇，我和几位参谋干事随同军首长去参观川陕革命根据地。走进古木参天的通江县城，在一个深幽的院落找到了曾是红四方面军总指挥部所在地。遥想当年，仿佛看到了张国焘、陈昌浩、徐向前、李先念、许世友、曾中生、董振堂等一系列彪炳史册的人物在这里运筹帷幄，决胜千里，它见证了川陕革命根据地的兴衰。随行人员中大多关心秦砖汉瓦，而我却对当时红军兵工厂造的枪炮、军邮、军服、红五星、红领章等产生了浓厚兴趣。那次，除收获了几张军邮外，还有我很喜欢的一副红军书写的对联：“斧头劈出新世界 镰刀割断旧乾坤”。

每件军事藏品展现的都是一段铁血兵魂的历史。1990年7月，我乘直升机去四川万源犁子园隧道火车航空油罐爆炸现场，随行的一位万源县领导送我了一台望远镜。这台望远镜是许世友将军当年在保卫万源大战中留下的。1933年，随着川陕革命根据地的扩张，刘湘被任命为四川省剿匪总司令，调集了各路军阀部队140多个团，20多万人，兵分六路杀向大巴山。万源当时是双方争夺的一个重镇。1934年7月，红军以6万人的兵力布防于万源一线，阻击刘湘主力10余万人。这是一场艰难而激烈的苦战，一代名将许世友当时负责指挥红九军第25师。经过红军将士的浴血奋战，刘湘的六路围攻被粉碎了。后来红军北上，许世友将望远镜送给了这位万源县领导的爷爷。

军藏既能反照自身，陶冶人格，又能丰富知识、铸造信念。有一次我淘到一张军用地图，为了弄清它的来历，我3次到中缅边界采访，参观了参战部队荣誉室和军史馆,查阅了总参、军区作战部门的档案室，弄清楚这张地图是当时中缅边境勘界警卫作战时用的地图。那是一场一直未曾公开的战争，是我军历史上唯一一次与外国军队联合打击国民党部队的作战，也是我军首次出境进行热带丛林地域的作战。亲眼目睹了有关文字图片对那场战争的记录，查到了当时的作战命令、电报等珍贵文物。后来根据这些资料我撰写了长篇报告文学《跨国大追歼》，在军内外、境内外多家报刊、电台发表，在港台地区引起很大反响。

军事收藏是一种文化，也是一部有着浓浓硝烟味的史诗。我们在军事收藏品中可以看到国之大事，知道死生之地，明白存亡之道！四川东西向的山脉与南北向的山脉纵横交错，无意形成了一个封闭完整的盆地；青藏高原上座座大型山脉东西绵延，至四川西部嘎然而止，自然成为四川西部天然屏障，而秦巴山地横亘其北，北部又添天险。放眼古今，不管是群雄割据，抑或是现代防御，这里注定已成为军事部署上的重要战略支撑点。四川盆地战略地位和军事价值十分重要。通过一件件军事藏品，发现一个很有趣的现象：四川从公孙述在蜀中称帝到其后有刘备的蜀汉、李雄的成汉以及五代时的前蜀、后蜀等几个割据政权都是国运不长，没有任何一个政权的统治时间超过半个世纪。其中的蜀汉和前蜀、后蜀，均是二世而终，父辈艰难创业，子辈则荒淫无道；父辈开国之君，子辈则成亡国之奴。

收藏军品而知四川“满城”(少城)的兴衰，还原历史之真相。原来大家都认为八旗兵入川始于镇压张献忠的大西政权之时。但一件藏品让我了解到平定张献忠后八旗兵又退出了四川。八旗兵真正驻防成都始于1682年，也就是平定吴三桂叛乱之时。康熙六十年，清政府从湖北抽调了一批八旗兵驻防成都。为了防止八旗兵与当地居民接触，全国不少城市都修建有“城中城”，就是只供八旗兵及其家属居住的满城。1718年，成都的“城中城”以将军衙门为中心，南起君平街和小南街，北抵八宝街和小北街，东至东城根街，西及同仁路，面积约十平方里。城墙高一丈三尺，周长四里五分，有5座城门，其中最壮丽的是大东门，城楼上悬挂着“少城旧治”和“既丽且崇”两道匾额。城内的建筑布局、衙门设置、营房方位都严格按照八旗军的传统方式来安排，当中有官街8条，兵街42条。据资料记载：这座融驻防和生活为一体的满城，里面还包括有将军衙门在内的众多机关以及随处可见的军事据点。平时，满城里驻扎的八旗兵数千人不等，最多时曾达2万之众。加上他们的家属，整个满城的人口在数万到10万，相当于一座中等城市的规模。满城禁止汉人进入，四川的最高行政长官四川总督，也无权过问满城的事务，实际上是一个独立王国。八旗兵初入成都时，成都设的是副都统衙门，随后升格为将军衙门，这说明随着清政权在全国的稳定，四川的地位和作用也更加显著。清政府对旗人采取了由国家包养的方式，他们唯一能从事的职业就是当兵。到了清朝中后期，旗人已经日益走向没落，尤其是到了清朝晚期，国运日艰，政府已经无力养活这些人。辛亥革命之后，八旗兵解散，成都满城这座存在了近200年的城中城，当那高大而破败的城墙被纷纷拆除时，一个辉煌的年代就这样悄然谢幕了。

在军事收藏中，更让我对天府之国的英雄壮士肃然起敬！四川武侯将帅、巾帼英烈众多，在川中的军事活动上有历史影响的军事人物及事件也很多，且有很高的政治、军事和社会经济价值。中国抗战伊始，东北、华东、华南已相继沦陷，迁都重庆的国民政府，所能管辖的西南西北地区，大多贫瘠落后。抗击日寇、拯救中华民族之重任的大半，便由四川人民承担起来。1945年10月，抗战刚刚胜利，《新华日报》发表了一篇社论，题为《感谢四川人民》，其中一段文字感人至深：“四川人民对于正面战场，是尽了最大最重要的责任：直到抗战终止，四川的征兵额达到302万5000多人。四川为完成特种工程，服工役的工民总数在300万人以上；四川供给的粮食，征粮购粮借粮总额在8 000万石以上；历年来四川贡献于抗战的粮食占全国征粮总额的三分之一，而后征购与征借亦从四川始。此外各种捐税捐献，也是由四川人民所负担。”仅从这些简略的统计，就可知道四川人民对于正面战场付出了多少血汗、多少血泪！除了《新华日报》列举的上述数字外，还有川籍将领王铭章在台儿庄战役中壮烈殉国，川军统帅刘湘抱病率孙震、陈兰亭、潘文华等将领出川抗日，在抗战前线吐血病发，于1938年1月20日在汉口去世。死前，刘帅遗嘱是激勉川军将士：“抗战到底，始终不渝，即敌军一日不退出国境，川军则一日誓不还乡！”刘帅的遗嘱无不侵润着历史的庄严，无不饱含着四川人民不屈的民族精神。近代中国战争频繁，很多军事藏品都佐证着四川盆地上的每一次战争，具有非常深远的军事历史与文化意义。

我们收藏的不是简单的军品而是完整的军事。军事收藏可以说事事有风采、件件有启迪。或有沧桑风云，或有人生真谛，或有报国情怀，或有生命的光耀，或有灵魂的碰撞……任何一件军品都不是独立存在的，任何一件军品都隐藏着附带的历史，我们要挖掘的是军品后面不为大家普遍知晓的故事。如一个普通的军用挎包不怎么值钱，但这个挎包是毛泽东同志当年用过的呢？那它附带的历史价值就十分重要了；一个普通的军功章，看编号就可确定主人及其经历；一张普通的军邮，可引伸到军邮发行的背景及对当时社会、军事的影响；从中国近代第一种军用望远镜“中正式”到上世纪50年代我军装备的德国制造蔡司望远镜，它的差别、变化、特点及对战争的影响，都是我军军事装备的见证。军品中最可收藏的应是那些经过战火洗礼、沐浴过历史沧桑的东西，最好是军事名人或著名战役浸染过的宝物。比如：许世友的望远镜、麦克阿瑟的大烟斗、巴顿的左轮手枪。这些经历过战争的军品，就像开了光的佛具一样，具有生命，具有灵魂，深含凝重的意义，让收藏者在军事历史中陶冶情操、丰富生活，其政治、军事、社会及经济价值是无法用金钱来衡量的。

万　元
军旅作家 有十余部报告文学
荣获二等功两次、三等功六次
电影电视作品在全国、全军获奖
中央台驻成都军区记者站站长(大校军衔)

抗战传奇将领真迹惊现四川

The Original Handwriting by Yang Xuancheng, the Famous Legendary General of China in the Second World War, Appeared Surprisingly in Sichuan

文/图 Text/Photo _ 李可 Li Ke

至抗日战争胜利和世界反法西斯战争胜利近70周年纪念之际，在四川成都惊现传奇名将杨宣诚抗战时期的4张亲笔书写并有签名或盖章的票据（见图）。这不仅是国内收藏界首次发现的十分珍贵的实物，更是中华民族乃至一切爱好和平者值得庆幸和缅怀之事。

杨宣诚1889年出生于湖南长沙，字朴园，曾用名杨宣德，16岁东渡日本，光绪三十四年（1908年）入日本海军士官学校，创办《海军》杂志。宣统二年（1910年）加入同盟会。次年毕业于日本海军水雷学校，回国后任革命军援鄂舰队参谋，支援武昌起义。1913年（民国二年）肄业于美国南加州大学商学院，旋赴日本任黄兴所办法政学校教师。后历任中国驻海参崴国泰舰舰长、湖南省政府交涉司司长，并一度在武汉大学任教。"马日事变"后，任湖北特派交涉员、湖南省政府秘书、国民政府军事委员会参谋本部少将高参、驻日大使馆武官。

今天我们能够看到传奇名将杨宣诚遗留的抗战时期票据，不仅看到它承载了一个抗战功勋者的字迹，还会看到它承载了一段可歌可泣的抗战历史；承载了一个血脉通、筋骨壮、民族兴的真理；承载了中华民族和一切热爱和平者的美好记忆……

被称为国际知名的军事情报专家

"九一八"事变后，南京国民政府延揽人才，经同乡贺耀祖推荐，杨宣诚到参谋本部开展对日军事情报工作。杨宣诚深感任重道远，精心策划，凭借流利的日语和众多师友的优势，广交日本社会各阶层人士，搜集到许多珍贵的情报。抗日战争中，杨宣诚在大本营任第一情报组处长，后任国民政府军事委员会军令部第二厅厅长， 在重庆建立起中苏合作的特种情报所并兼任所长。军令部二厅每周举行一次的盟军军事情报交流会，驻重庆的各国武官及军事代表都来参加，会议内容已成为影响盟军印缅战区、太平洋战区和中国战区统帅部制订对日战略计划和作战指导的重要基础。

杨宣诚主持的对日作战军事情报工作，是他一生中最忙碌也是最有建树的时期。他的情报工作以其组织严密、详尽的情报搜集与精辟独到的分析，在国民政府军事委员会、盟军中享有崇高的威望，备受赞扬，被称为"国际知名的军事情报专家"。

预测"珍珠港事件"

早在太平洋战争爆发前，第二厅监测电台曾接收到日

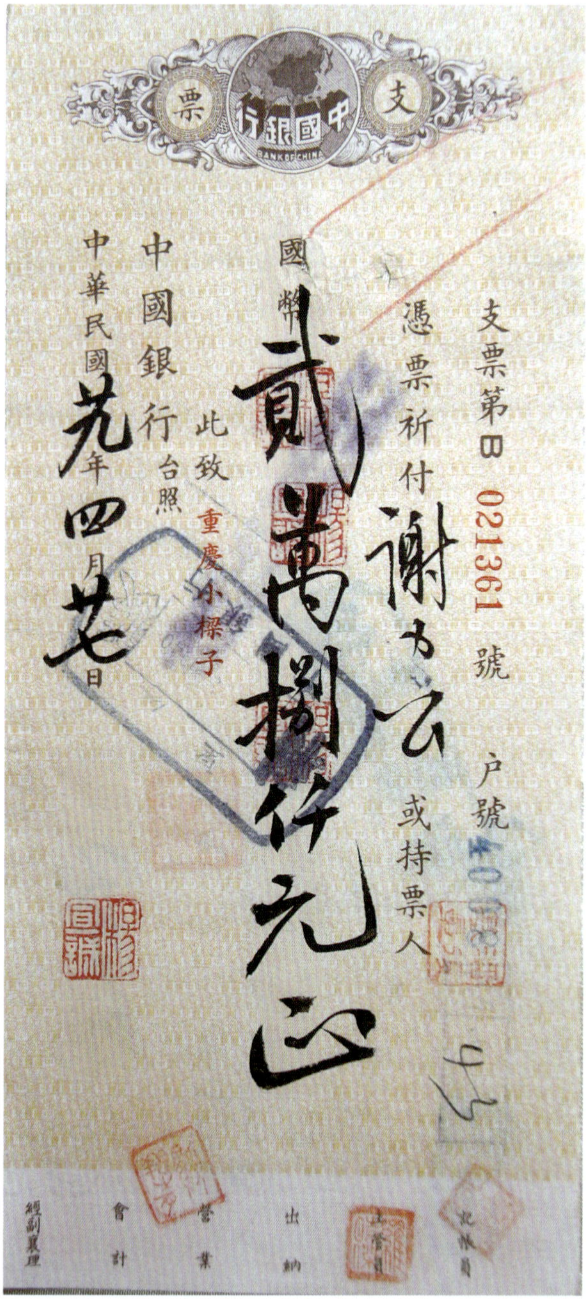

1940年4月27日杨宣诚开出的支票

Cheque Written by Yang Xuancheng on April 27th, 1940

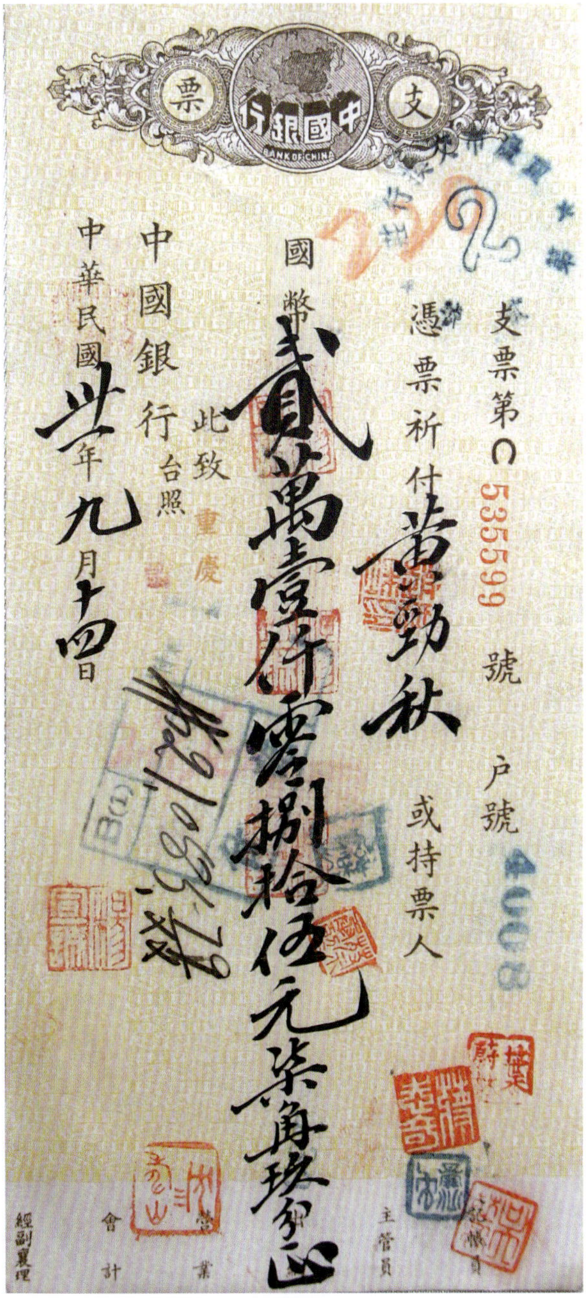

1942年9月14日杨宣诚开出的支票
Cheque Written by Yang Xuancheng on September 14th, 1942

军新出现的一个密码，不久销声匿迹。经过破译，发现是日本太平洋海军、空军的联系。杨宣诚命令监测台日夜监听这一神秘波段。“珍珠港事件”前夕，这个电台又出现了，它频繁地向太平洋地区发布指示，部署和调动大批海军、空军力量。结合当时世界整个战局，以及外交战线上的活动，杨宣诚判断日本将在太平洋地区，特别是美国在太平洋地区的重要战略据点有所动作。当即报告蒋介石，并建议将情况通报盟军。获同意后，一方面在重庆召开驻渝盟军军事代表紧急会议进行通报，当时外国军事代表多持怀疑态度；另一方面由中国驻美武官郭德权及副武官萧勃亲自向华盛顿美国政府进行汇报。据闻罗斯福总统获此情报后，曾与三军参谋长联席会议研究但没引起重视。日本偷袭珍珠港的消息不久就传回了美国，美国政府十分震惊。为加强美情报工作，罗斯福向蒋介石提出要中国派杨宣诚来美国，作为他的私人情报顾问。蒋介石没有答应，后派了商震将军为首的军事代表团赴美常驻华府。

分析“新加坡要塞”难长期固守

日本攻下香港后，重庆参谋首脑研究新加坡形势时，有些人认为大英帝国苦苦经营近二十年的新加坡要塞作为东南亚的防御枢纽十分坚固，且有最新型的战舰“威尔斯亲王”号及“却敌”号参加防御，应是固若金汤。杨宣诚根据军事情报及战备形势的分析后持不同见解，并在高级军事会议上阐述了自己的意见：“新加坡要塞虽经英国多年建设，然原设计过于偏重保东西航道畅通，对来自海上的攻击，防御工事可云至善尽美，而忽略了也没有考虑会有来自马来西亚方面的陆上攻击，因而形成了薄弱地带，造成有隙可乘。正如此次大战中欧洲战场上法国的马奇诺防线，前车之鉴，不可不重视。海上虽有‘威尔斯亲王’号及‘却敌’号新型巨舰协防，然英国空军多集中在本土及欧洲，对东南亚形成空军掩防弱点，故新型战舰也不一定可恃。”他的结论是：“新加坡要塞难长期固守。”与会中的军令部次长刘斐中将深不以为然，甚至疾言厉色质问，并斥之为悲观情绪。

战争发生后，形势发展被杨宣诚分析所言中。“威尔斯亲王”号和“却敌”号舰被日空军击沉，新加坡要塞被来自马来西亚进攻之日军所攻陷。至此军界对杨宣诚战争形势的洞察力莫不钦佩。

判断日本必将南进与英、美一战

1940年到1944年近五年的时间里，重庆不少人士，大唱苏必参战，宣扬日本将大举北进之论调，以迎合上峰的愿望。而杨宣诚根据掌握的情报客观分析认为日本必将南进与英美一战，决不会北进与苏联交锋。闻者大哗，有人甚至斥其无国际常识。历史的进程印证了他正确的见解。

通报情报，蒋介石令第四军固守长沙

抗日战争末期，日军曾三次进犯湘北。在第三次长沙会战中，当日军沿临湘、岳阳一线南下时，蒋介石多次亲自电令长沙守军第四军军长张德能固守长沙，但张已率部队渡湘江西撤，弃城驻扎岳麓山。杨宣诚通过长江谍报站得知此情况并掌握了日军尚未到达长沙时，立即向蒋介石禀报。蒋甚为震怒，电令张军长，斥其虚报战况，临阵脱逃。张初尚狡辩，蒋以谍报组情报以对，始哑口无言。蒋严令第四军限时迅速返回长沙。第四军甫渡湘江，在猴子石与日军遭遇，日军仓促应战，狼狈溃逃，回撤湘北。参谋总长何应钦称赞杨宣诚：“此乃你谍报工作的功劳，湖南人的福气。”

赴印度共商加强东南亚地区情报合作

英军在东南亚战场失利后，英国政府于1942年向国民政府提出要求，请派军事情报主管到印度，共商加强东南亚地区情报合作问题。蒋介石派杨宣诚赴印度，与英国驻印度总督蒙巴顿元帅会谈。会谈中确定了由中国政府派遣情报人员驻印度与英方军事情报部门合作。中国情报人员在加尔各答工作一年多，以情报资源帮助英方空军作战，对日本空军予以沉重打击，取得不少胜利，深受英方赞扬。

敏锐发现《开罗宣言》草案中漏洞

1943年11月，中、美、英三国首脑在埃及开罗举行会议，商计战后的政治安排及反攻缅甸准备，杨宣诚以高级幕僚身份随蒋介石出席了会议。

《开罗宣言》由美国霍布金斯起草。草案中最初关于战后日本应归还中国领土部分表述为“台湾应归还中国”。杨宣诚发现未提及澎湖群岛，便告诉负责外交工作的王宠惠代表应该加上。王认为“澎湖群岛系台湾的一部分，自然已经包括在内”，杨则认为：“当年马关条约写明割让台湾与澎湖，两者并列，乃系日本方面提出，当时我国代表李鸿章也认为澎湖已包括在台湾之内，不必再标明。但日方怕中国临时将澎湖划出台湾省或将之并入福建省管辖，坚持要写明，也因俄国曾出面要求割让或租借，故日本特别重视。现在如果在宣言中明确台湾而不写澎湖应归返，与马关条约不符，战争结束后，日方也可能借口不归还澎湖。”王听后恍然大悟，带着杨宣诚提出的问题立即面见蒋介石。最后，美国方面对宣言草稿进行

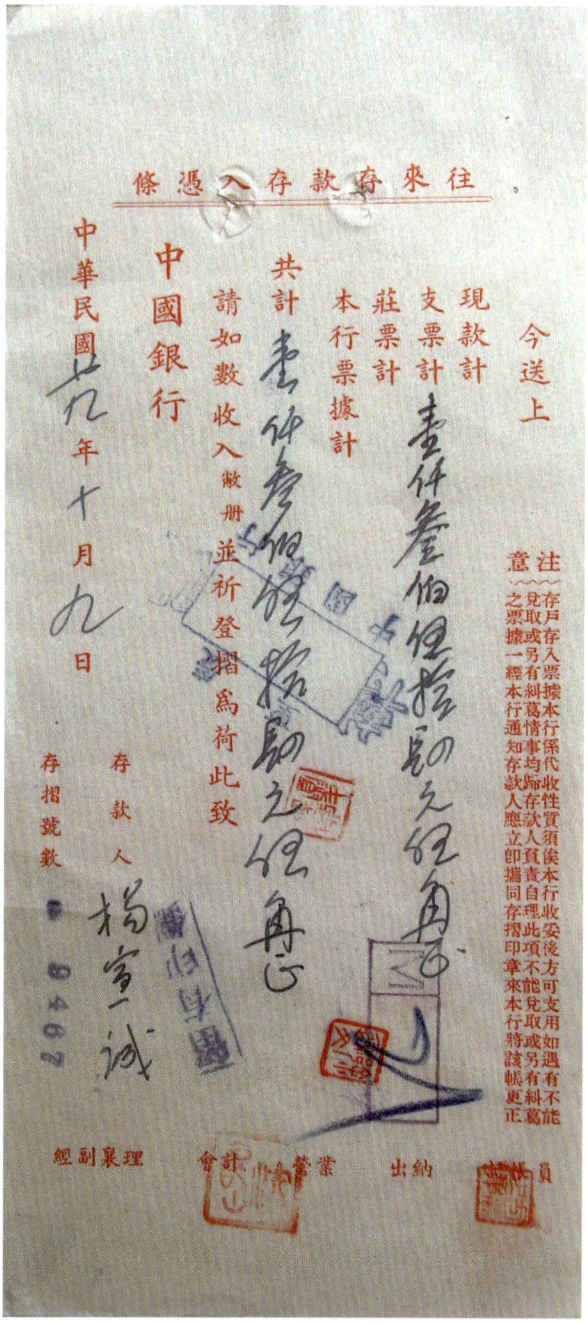
往來存款存入憑條
今送上
現款計
支票計
莊票計
本行票據計
共計
請如數收入敝冊並祈登摺為荷此致
中國銀行
中華民國廿九年十月九日
存款人 楊宣誠
存摺號數 9467
注意
經副襄理 會計 營業 出納 員

1940年10月9日杨宣诚开出的凭条
Deposit Ticket of Yang Xuancheng on October 9th, 1940

了修改，“……使日本在中国所窃取之领土，例如东北四省、台湾、澎湖群岛等，归还中华民国。”

促使盟军重新修订反攻缅甸计划

讨论反攻缅甸的军事会议在开罗梅纳旅馆召开，作战计划由东南亚盟军拟订，意见多系英国方面提出。英国陆军参谋总长布鲁克和美国陆军参谋总长马歇尔、海军总长金氏、空军总长安德鲁以及后勤总司令及在印度的英国蒙巴顿勋爵都出席了会议，杨宣诚以中国首席代表身份也参加了会议。会议由英国陆军参谋总长布鲁克主持，会上即打算通过作战计划。中国事先未见过作战计划，无法提出意见。杨宣诚立即推朱世明将军建议先讨论敌情，再决定通过的意见，被会议采纳。在次日情报会议上，英方代表态度固执，认为他们对敌情的判断是正确的。杨宣诚提出英方过低估计了敌人实力，告知“日本在缅甸、暹罗（今泰国）、安南（今越南）的兵力，陆军已有七个师团，反攻时可能增加到十个师团，空军飞机现有三百架，反攻时可能增加到五百架，海军也可能相应增强与陆军配合”。英国代表认为是夸大，质问有何根据。杨说“这些判断是我们通过打下来的日本飞机中的地图、资料，俘虏日军的番号，飞机场数量与跑道的大小长短，被破译的敌军电报密件等等得来的。”英国代表看后瞠目结舌，哑口无言。最后，盟军根据杨宣诚提供的情报重新修订了反攻缅甸的计划。

建立卓著功勋，参加“二战”受降仪式

杨宣诚在抗日战争、第二次世界大战中的工作，受到国民政府、同盟国政府一致赞扬，除国民政府授予云麾勋章、宝鼎勋章外，美、英、苏、法等国家也曾授予勋章，以表彰他卓越的功勋。1945年11月8日，美国政府在杨宣诚授勋文件中称：“这是为了中国海军中将杨宣诚在中国以军事情报首脑身份所做出的卓越功勋而授予的司令级功勋勋章，杨将军在协同盟军作战过程中，给予盟军许多卓越贡献，并给美国政府与军队大力协助，是我们深为感谢和难以忘怀的。”1949年初美国政府在台北又一次赠授勋章给他，以表彰他在第二次大战中协助盟军建立的功勋。

1945年8月15日，日本宣布无条件投降。9月2日上午九时，盟军以美国麦克阿瑟上将为首，在日本东京湾美军“密苏里”号战列舰上举行受降仪式。中国派出以军令部部长徐永昌为团长的代表团参加受降仪式，杨宣诚中将、朱世明少将为代表团成员。中国代表依英文字母顺序排在第一行，为首的是徐永昌上将，杨宣诚排列第二位。

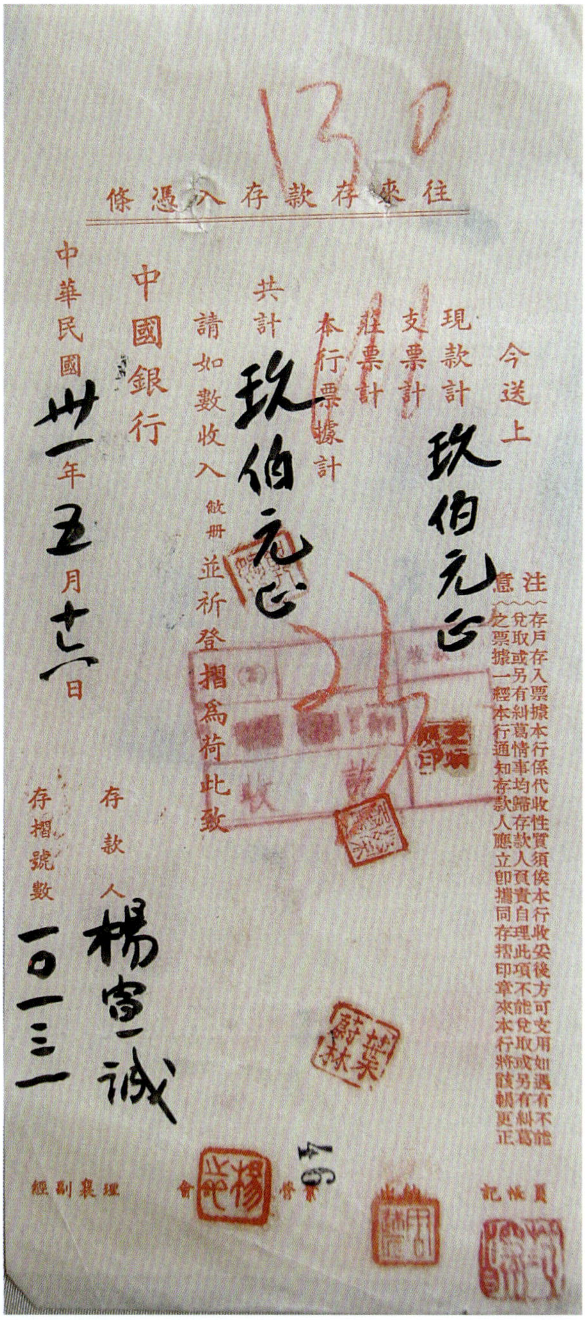
往來存款存入憑條

今送上 玖伯元正
現款計
支票計
莊票計
本行票據計
共計 玖伯元正
請如數收入欵冊並祈登摺為荷此致
中國銀行
中華民國 卅一年五月十六日
存款人 楊宣诚
存摺號數 一百一三一

注意 存戶存入票據本行係代收性質須俟本行收妥後方可支用如遇有不能兌取或另有糾葛情事均歸存款人負責自理此項不能兌取或另有糾葛之票據一經本行通知存款人應立即攜同存摺印章來本行將賬[illegible]更正

記帳員 會計 經副襄理

1942年5月16日杨宣诚开出的凭条
Deposit Ticket of Yang Xuancheng on May 16th, 1942

李　可
蜀都钱币博物馆馆长
《中华英才》杰出人物
成都市收藏家协会副会长
四川省古玩收藏协会副会长

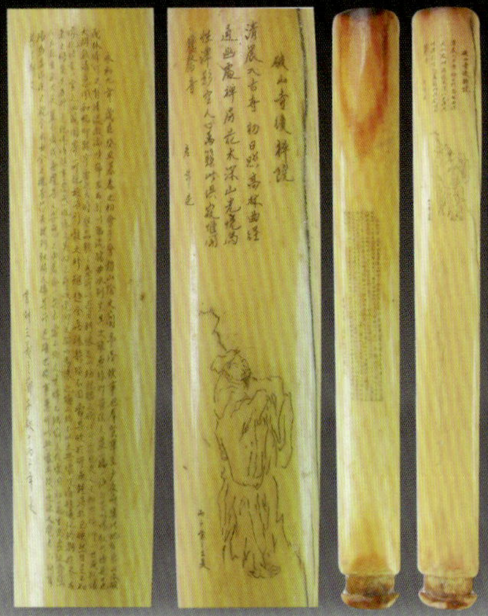

[1936年制造] **象牙烟嘴** 长49cm
Ivory Cigarette Holder (Made in 1936)
Size:Length 49cm

[清] **竹雕鸟笼** 高58cm 直径35cm
Carved Bamboo Birdcage from the Qing Dynasty
Size:Height 58cm Diameter 35cm

[明] **蟠螭纹犀角杯** 高9.4cm 口径14.5cm
Rhinoceros Horn Cup with Dragon Pattern from the Ming Dynasty
Size:Height 9.4cm Caliber 14.5cm

[唐] 石涧敲冰古琴 长122.7cm 宽17.5cm 高11.5cm
"Ice-knocking between the Gully" Qin from the Tang Dynasty
Size: Length 122.7cm Width 17.5cm Height 11.5cm

古蜀陶羌笛吹出的东方文明

Oriental Civilization from Pottery Qiang Flute from Ancient Shu

文/图 Text/Photo _ 成勇 Cheng Yong

[唐] 四音孔埙
Xun with Four Tone Holes from the Tang Dynasty

[史前] 4.5.6音孔骨笛
Prehistoric Bone Flutes with Four, Five and Six Tone Holes Respectively

2005年除夕夜，中央电视台播出笔者在《春节大联欢》节目中用四川殷商时期古陶羌笛吹奏出《青春舞曲》后，在海内外引起了极大的反响。广大观众及音乐爱好者纷纷来电祝贺：“中华民族三千多年前的古陶羌笛，还能演奏出这么美妙的音乐，广大华人无不为之骄傲与自豪。”

自汉代以来的两千多年历史中，文学家、历史学家、诗人及音乐家就对羌笛的传说、歌颂争论不休，真是千年纷争、众说纷纭、扑朔迷离。虽然我们目前还无法准确考证羌笛产生的最早年代，然而这件失传数千年的四音孔陶横笛实物传递的信息，将吸引我们不断去寻找史书记载中的羌笛遗存。

羌笛的历史记载

我国古代文献中记载了许多关于羌笛的起源和传说。东汉文学家马融《长笛赋》云：“近世双笛从羌起，羌人伐竹未及已。龙吟水中不见己，截竹吹之声相似，剡（削）其上孔通洞之，裁以当挝（马鞭）便易持。易京君明识音律，原本四孔加以一。君明所加孔后出，是谓商音五音毕。”《长笛赋》记载告诉我们当时汉代羌笛大多用“竹”制之，而竹笛距今两千多年早已不复存在，然陶笛在土中却得以保存。“裁以当挝便易持”是说陶羌笛尺寸像马鞭便于手持，羌人又称“吹鞭”。汉代以前的羌笛是四音孔，无商音，这只陶

[唐] 邛窑三彩两音孔胡人头埙
Three-colored Barbarian Head Xun with Two Tone Holes, Product of Qiong Kiln from the Tang Dynasty

[史前] 两音孔彩陶埙
Prehistoric Colored Pottery Xun with Two Tone Holes

笛的长度和四音孔无商音均与马融记载相吻合。

长沙马王堆三号西汉墓（公元前168年）出土的“遣策”（殉葬品的账目）竹简上有一“篴”字，这个字就是笛的古字，证明西汉初曾将横笛称为篴。明代朱载堉《律品精义》说“篴”与笛意义并同，故作篴，今文作笛（实为横笛）。1954年中央音乐学院民族音乐研究所编的《中国音乐史参考图片》记载：“笛”古名横吹，后来亦名横笛，它原本是外来乐器，相传汉武帝时张骞入西域（今新疆及中亚细亚），笛始传至当时的汉朝首都长安。隋代后，有大横吹和小横吹的区分。《隋书乐志》载“西凉乐器有横笛”。《旧唐志》引梁《胡吹歌》云：“下马吹横笛，愁杀路傍儿。”《新格罗夫和音乐家大辞典》载：“笛子可能是从中亚传到中国的。”而唐诗中对羌笛的描述尤为众多。如“羌笛何须怨杨柳，春风不度玉门关。”（王之涣）“雪净胡天牧马还，月明羌笛戍楼间。”（高适）“中军置酒饮归客，胡琴琵琶与羌笛。”（岑参）“黄鹤楼中吹玉笛，江城五月落梅花。”（李白）“更吹羌笛关山月，无那金闺万里愁。”（王昌龄）“卷风胡儿眼睛绿，高楼夜静吹横笛。”（李贺）“异方之乐令人悲，羌笛胡笳不用吹。”（孟浩然）“笛中闻折柳，春色未曾看。”（李白）“横笛闻声不见人，红旗直上天山雪。”（陈羽）“天山雪后海风寒，横笛遍吹《行路难》。”（李益）还有宋代范仲淹《渔家傲》中：“燕然未勒归无计，羌管悠悠霜满地。”实物和文献相互印证了羌笛就是横笛，陶羌横笛的出现，结束了千年的纷争。引证了古代名言“千经万典不如真品一件”。并反映出古蜀国时羌笛已十分盛行。

羌笛的产生背景

羌笛产生并发现于四川盆地的羌族。羌族是怎样一个民族呢？首先来看“羌”字，最早见于三千多年前的甲骨文，也是中国人类族号最早的记载。“羌”字是会意字，意为“天王人”。已故的著名历史学家四川大学教授任乃强先生在《羌族源流探索》载：“人类出生地在赤道附近……热带雨林内，而印支半岛是孕育黄色人种的胎盘，羌族祖先就是从缅甸等地沿横断山脉进入青藏高原的猿人……群居山林，并沿山林向北方移进……直到横断山脉的北部进入青藏高原并形成羌族。……是亚、欧、美三大洲最早出现的人群之一。”一千七百多万年前的云南元谋人和青藏高原三万多年前的考古文物也证实了这一著名学说。

司马迁《史记》说：“禹兴于西羌。”《帝王世纪》道：“禹本西羌人。”说明中华大地开国建造之祖大禹出生在四川西部羌人山区。四川“成都”羌语为“益都”“赤都”，汉字记音为“成都”，史学家认为“成都”是古羌语的记音。“都”羌语意为地方，“益都”“赤都”羌语意为“羌人坝子地方”据羌人传说资料和史书记载，四川是三千多年前由“蜀山氏”羌部的羌人开拓即史学家常言的“蜀族”主要聚居区。羌族宗教信仰万物有灵，祖先崇拜，在祭神仪式中普遍采用祭祀音乐。而羌族乐器中最著名的就是羌笛，其音色清澈纤细、宛转悠扬。

四川是文化大省，古代音乐与中华民族古代音乐同步发展。据考古发掘和音乐文物普查，在四川境内出土或传世音乐文物（含乐器图片）达千余件，乐器实物有30多个种类，“八音”齐备，不少器物仅四川珍藏，举世无双。这些风格独特的古代乐器遗存纵贯各个历史朝代，典型器物充分展现出各个时代乐器的主要特征，构成了一幅四川独有的特色文化音乐篇章。

羌笛是古蜀国乐器的组成部分，最早出现在商代，只有一吹孔、四音孔，已具有“变徵之声”，不是从西域或中亚传来，而是在9～12世纪从中国传入西方，是世界上一切横笛的始祖，是人类东方文明一音乐的起源。

成　勇
高级鉴定评估师
成都市收藏家协会常务理事

[商] **人头三音孔陶埙**
Head Shaped Pottery Xun with Three Tone Holes from the Shang Dynasty

[战国至汉] **饕纹陶埙**
Pottery Xun with Gluttonous Grain Pattern from the Warring States Period to the Han Dynasty

［民国］华生牌四人头像挂表
Waltham Pocket Watch with Four Head Portraits from the Republic of China

［清］永丰侍女图银壳挂表
Silver Shelled Pocket Watch with Yongfeng Maid Pattern from the Qing Dynasty

［民国］辛亥革命纪念钟
Memorial Clock for the Revolution of 1911 from the Republic of China

［清］珐琅蓝宝石银壳挂表
Enamel Sapphire Pocket Watch with Silver Shell
from the Qing Dynasty

［清］气象显示仪座钟
Table Clock with Meteorological Instrument
from the Qing Dynasty

[清] **鼻烟壶** 高8cm
Snuff Bottle from the Qing Dynasty
Size:Height 8cm

[清] **鼻烟壶** 高9cm
Snuff Bottle from the Qing Dynasty
Size:Height 9cm

[清] **鼻烟壶** 高7cm
Snuff Bottle from the Qing Dynasty
Size:Height 7cm

[清] **鼻烟壶** 高7cm
Snuff Bottle from the Qing Dynasty
Size:Height 7cm

[明] **黄花梨柜子一对** 宽140cm 高176cm 厚63cm
A Pair of Cabinets Made of Yellow Pear Wood
from the Ming Dynasty
Size:Width 140cm Height 176cm Thickness 63cm

[明] **黄花梨八仙桌** 长90cm 宽90cm
Baxian Table Made of Yellow Pear Wood from the Ming Dynasty
Size:Length 90cm Width 90cm

[清] 香柏木百寿图万工床 长228cm 宽273cm 高285cm
Bed Made of Cypress Timber with Patterns of a Hundred forms of the Characters for Longevity by Ten Thousand Workers from the Qing Dynasty
Size:Length 228cm Width 273cm Height 285cm

[明] **黄花梨甲头榫画桌** 长172cm 宽60cm 高84cm
Clip-tenon Drawing Table Made of Yellow Pear Wood from the Ming Dynasty
Size:Length 172cm Width 60cm Height 84cm

[清] **树根方桌** 长98cm 宽88cm
Root Square Table from the Qing Dynasty
Size:Height 98cm 88cm

[清] 核桃木餐柜 长220cm 宽70cm 高300cm
Walnut Buffet from the Qing Dynasty
Size:Length 220cm Width 70cm Height 300cm

[清] **紫檀大禅凳** 长44cm 宽70cm
Dyhana Stool Made of Red Sandalwood from the Qing Dynasty
Size:Length 44cm Width 70cm

记忆深处的收藏

Collection in Deep Memory

文/Text＿姚廷维 Yao Tingwei

当我手捧徐悲鸿、张大千等名人字画时，那原本铭记却早已尘封的往事，一一涌上心头。80多年来，收藏的往事就像一面镜子时刻印在我的脑海中，每每想起，更是涌起无限的感慨，让人难以忘怀。

青春收藏的记忆

1927年9月的一天，我在成都一户家境殷实的商人家庭出生。18岁那年，父亲让我去重庆跟姐姐和姐夫生活，我姐夫名杨虎是国民党中将。在姐夫家里，我主要保管和整理他收藏的各种古玩字画，开始接触各类古文物。由此我便步入收藏行列,一发而不可收拾。在收藏过程中，你会听到无数个故事和美丽的传说。刚入门时很爱听，人一说就信，好在那时候年轻，吃点亏、上点当、诓点时间进去也不在乎。我经常跑到文物市场，东看看，西问问，一有机会就参加各种拍卖会，收录汇集与古玩相关的各种资料，我快速成长起来。在和各类古文物频频打交道中，眼力大大提高。伴随国泰民安，收藏热带给我们许多新奇的感受，让我明白了中国的文化，就是通过每一种具体的实物不停地传递下去，这就是它的魅力所在。我们后世的人们只有从这些精美的物品中感受到那个时代的繁华与富庶，感叹历史变迁的匆匆脚步……

徐悲鸿与郭有守（张大千表弟，1972～1973年曾将珍贵文物439件捐献给故宫）于1932年在南京合影

寄卖收藏的记忆

1952年我进入沈阳太沅街联营公司“侧独家”寄卖行工作，正式涉足古旧物资的鉴别和评估，1962年有幸调回成都，先后担任“正泰”和“华美”寄卖行收购员。这时全国性饥荒，只要能吃的东西都很稀缺，人们纷纷从箱底拿出花瓶、玉器、字画等古玩到寄卖行换钱生活。按当时政府规定，寄卖行只能经营一般的古玩杂件，好的要专门转售给省级的文物总店。于是经我手推荐给四川省文物总店的顶级翡翠10余件，高级别的明清字画30多件，瓷器几十件。到了“文化大革命”，全国上下都兴起破“四旧”的风潮，人们怕惹麻烦就把家里价值连城的古董纷纷扔掉，文物出现了前所未有的低价位。当时徐悲鸿条幅仅售10元，张大千的扇面售价才8元，而齐白石的斗方售价才6元。有一次我在“正泰”寄卖行坐班，一位川剧名家的遗孀拿来一幅张大千仕女图，品相完好，书画皆精，最后以30多元价格便收入了柜台。而我在那年代也因酷爱古玩被打成右派，但心中仍然没有割舍和放弃对收藏的热爱和追求。1978年，随着“文化大革命”的结束，在经历了那不堪回首的一段岁月后，人们已对中国的文化有了重新的认识，更加关注自己国家的灿烂文明。我摘掉右派帽子后，重拾起一生的爱好，立即将东放西藏、劫后余生的家传名画整理出来；同时拿出平反后补发的部分工资作为先期投入，不出几年就收到一批很有分量的藏品。每当看见这些东西，常常沉浸在收藏的喜悦中，倍感生活十分充实。

文物鉴定是一门技术

人不是神，没有先知先觉，所有的知觉都是靠学习和刻苦锻炼而来。就这样我在收藏界摸爬滚打几十年，接触了很多实物，积累了珍贵的经验，掌握了较为全面的知识，得到了同行的赞同和认可。1990年5月4日这一天，西南第一家挂牌的“成都市拍卖市场”在市工商联举行首场拍卖会，我作为主拍手，主槌频频高举，赵熙的对联、陈子庄的扇面等百余件拍品在3小时内全部成交，由此我赢得“西南第一槌”的美誉，第一次感受到了成功带给我的愉悦。2001年4月15日我又参与了巨贪郑道访、刘中山赃物拍卖会，在犀利的眼光与强势夺标中获得了满堂喝彩。

中华民族祖上留下的遗产十分丰厚，处处蕴含民族精神。为了珍惜、传承这些优秀文化精神，从1996年初开始我参与筹备和发起创建了成都市收藏家协会，任副会长和书画专委会主任。1997年3月16日成立的四川省收藏家协会我也参与并任常务理事。省、市收藏家协会成立后多次举办大型展览活动，我组织字画专委会会员积极参与，取得了很好的效果。字画已成为展览的重点，获得社会好评。

我对收藏已有了深厚的感情，几十年来乐此不疲。1990年1月我在九眼桥典当坐班，一个小伙子拿张画要卖，我展开一看，是张大千的人物画，十分精美珍贵。我问小伙子从哪里来？小伙子答，新繁。我一听心中十分高兴，知是一件真品。抗日战争时期，张大千为躲日本飞机轰炸而避居在新繁时，仍勤奋作画，有些画确实流散在新繁，为求证，我对小伙子说卖画要拿出证明看看，没想到小伙子连忙卷起画，蹬腿骑车就跑，我喊也喊不住，赶紧抓起一辆自行车就去追，但人早已没了踪影。

还有一件相当有趣的事。2003年某一天中午，我刚从送仙桥朋友画廊出来，见一老太太夹一卷报纸走到我面前说：“大爷，我老头子留下一些画，现在孙子交学费缺钱急用，你看能不能买下。”我问她“你怎么知道我要买画？”她说：“看你上了岁数，老年人可靠。”我俩走到一僻静的地方，打开报纸一看，内有李琼久四尺三开山水画一张；谭昌镕四尺整纸芦花鸡一张；孙竹篱三尺整纸两张，一张柳鸭图，一张布袋佛；另有书法单条三、四张，都是真迹。我问她，你要多少钱，她说孙子交学费差2 000元。根据我多年典当经验，价格高了要跑当，忙说：“给你2 000元，另外给15元交通费可以不？”老太太满意地走了。

而另一件事却让我遗憾终身。上世纪60年代我在成都市寄卖行工作时，有位李姓同行跑到汶川去收购古玩，到一农户家中讨水喝，进门见一绣娘，李老兄接过水杯道谢时，用眼睛扫了一下屋内陈设，看到神龛前有一个杯子，眼睛一亮。往后每隔个把月就到汶川去，并带些绣娘需要的日用品和绣线，有一天绣娘说：“李同志你那么客气，叫我怎么谢你。”李兄连忙笑答：“没什么，如果你要谢我，就把神龛前那个杯子送我做个纪念。”绣娘说：“那个杯子脏兮兮的，你拿去吧。”其实那个杯子是明代犀角杯，高13厘米。他一直卖不出去，后来只好化整为零，弄成碎块卖给中药铺，前后总共卖了2 100元。回想起来，一件明代犀角杯，现今价值不菲，就这样被毁掉，痛哉！痛哉！

一晃80多年过去了，回想起民国时就从事古玩字画收藏行当的老友，不禁悲从中来。那时成都收藏界知名人士不过10余人，他们是严谷声、苏鸿章、蒲孝宽、付海波、曾友光、乔德光、毛永寿、杨晓峰……还有我。当时，乔德光坐镇省文物总店收购，得天时地利先机，声名远扬。曾友光在收购古书画时被称作“神眼”，他对古书画作者的流派和典故，烂熟于心，令人叹服。还有的老友在国家局势混乱的年间，顶住巨大的压力，甚至冒着生命危险保护国家的珍宝。他们的拳拳爱国之心实在令人感叹不已。这些老友多数都不在世了，但却被更多的人所收藏并纪念。

弘扬民族文化，传承文化遗产，我们责无旁贷，任重道远。我再次把目光扫向那带着岁月沧桑和穿越历史烟尘的国之瑰宝时，它那历史的足迹、它那岁月的烟尘、它那时光的影子抹不掉，挥不去，也许将会伴随我走完余生……

姚廷维
资深收藏家
全国典委会副会长
成都市收藏家协会顾问
四川省收藏家协会常务理事

[元-明] **钧瓷挂屏** 长99cm 宽39cm
Hanging Panels of Jun Porcelain from the Yuan-Ming Dynasty
Size:Length 99cm Width 39cm

[清] **红木梳妆台** 长121cm 高180cm
Mahogany Dressing Table from the Qing Dynasty
Size:Length 121cm Height 180cm

［清］**红木镶大理石禅床** 长200cm 宽114cm 高105cm
Dyhana Bed Made of Marble-inlaid Red Sandalwood from the Qing Dynasty
Size:Length 200cm Width 114cm Height 105cm

［民国］**金丝楠木平柜** 长113cm 宽58.5cm 高127cm
Cabinet Made of Gold-rimmed Nanmu from the Republic of China
Size:Length 113cm Width 58.5cm Height 127cm

[民国] **楠木太师椅** 长56.5cm 宽45cm 高93.5cm
Fauteuil Made of Nanmu from the Republic of China
Size:Length 56.5cm Width 45cm Height 93.5cm

[明] **黄花梨屏风** 长490cm 高288cm
Screen Made of Yellow Pear Wood from the Ming Dynasty
Size:Length 490cm Height 288cm

浅谈艺术品之美

Beauty of Artworks

文/Text＿吴得民 Wu Demin

没有美的艺术品不是好的艺术品

美是艺术品的本质，“没有美，艺术是不存在的”（谢林）。美是一种价值，来自人对事物的区别、选择和评价；美是一种愉悦，来自人对文化意识的感知。不能给人以美的享受的艺术品，不是艺术品；不能使人民的生活和精神境界变得美好的艺术品，也不是艺术品。美的最好艺术形式，就是从人类共识的审美角度来寻求和创造能完美地反映客观现实，表现主观情思和意境。

艺术品的美“气”

美具有自然美、人体美、艺术美三种类型。而鉴赏艺术品着重研究的是艺术美。主要指象征艺术如装饰艺术、建筑艺术；形象艺术如绘画、雕塑、摄影、戏剧、电影、舞蹈等；观念艺术如文学艺术。在这些艺术中都有自己独特的美“气”，可以归纳为：宝气（自然美）、韵气（工艺美）、古气（古朴美）、人气（人文美）、清气（简洁美）、悟气（残缺美）、和气（对称美）、生气（生态美）、文气（意境美）、仙气（飘逸美）。

“气”是一个多元的概念，其一指天地自然之气，《周易系辞上》曰：“精气为物，游魂为变。”其二指物质意义上的人身之气，《庄子知北游》曰：“人之生，气之聚也。聚则为生，散则为死。”《管子心术下》曰：“气者，身之充也。”其三指精神意义上的人身之气，《孟子公孙丑上》称：“夫志，气之帅也；气，体之充也。”“我知言，我善养吾浩然之气。”其四则是以“气”来解释文学，即曹丕提出的“文以气为主”的审美理念。梁代钟嵘在《诗品序》中曾说：“气之动物，物之感人。”在“气”的推动下，物得以兴起，进而激发人的情感。因此构成艺术品的基本轮廓、框架和线条，整体流畅生动，如行云流水般使形象呼之欲出，那么就是“气”足。这些“大气”“气度不凡”的艺术品，才能使人意扬志激、心动神移、兴高采烈、迷恋流连。

宝气·自然美

自然美是指艺术品用自然原有的感性形式直接唤起人们的美感。体现出大自然的鬼斧神工，不是人为却胜似人为，天造地设，带着大自然留给我们的“宝气”。这样的艺术品，采天地之灵气，吸日月之精华，含人间之真情，容自然之万象，是“上帝之手”的“神来之笔”。人类在经过一系列的工业发展和时代进步后，自然美逐渐被人类的意识所唤醒，人们更加注重与自然的和谐发展，欣赏自然美成为时尚主流。“大巧谢雕琢”（陆游），杰出的艺术品，常常是“清水出芙蓉，天然去雕饰”（李白）；“拙规矩于方圆，鄙精研于彩绘”（黄休复）。自然美是天地间的大美，巴金说“艺术的最高境界是真实，是自然，是无技巧”。

韵气·工艺美

工艺美是人类生活对美的不懈追求的产物，体现的是人类智慧的“巧夺天工”，带着能工巧匠智慧的“韵气”。古人说：“天工人其代之。”工是应于天理，而艺则出于人灵。工艺和人类的文化紧密相连。中国的工艺美术更是历史悠久，有着优秀、卓越的艺术传统和技艺，是中华民族文化艺术和科学技术的宝贵结晶。中国的工艺美术大师世代相传，他们以民生为本，以科学为主，与人民的生活密切结合，他们在陶器、玉器、青铜器、瓷器、木雕、石雕、牙雕、刺绣等方面，创作出了无数精美绝伦、美轮美奂的物品，令人惊叹不已，无不闪耀着中华民族的心灵美和智慧美。

古气·古朴美

古朴就是古老而质朴，也叫质朴而有古风。具有古朴美的艺术品笨拙稚嫩，给人以“古气”。日本人向中国学到了陶器，接受了唐宋传统，但却没有向精致的瓷器发展，而是走向了质朴、自然的陶艺之路。如果说瓷器是大理石，那么陶器就是一般的粗石。古朴之美一直是中国人的理想，他们从简单、古朴、纯真中寻找高贵的价值，寻找返璞归真的美感。

人气·人文美

人文是指人类文化中先进的价值观及其规范。也泛指人类社会的各种文化现象。《易·贲》曰：“文明以止，人文也。观乎天文，以察时变。观乎人文，以化成天下。”因岁月流逝在古器物上留下的“包浆”，是人文信息最直观的体现，既反映出饱经沧桑感，又带着圣贤先哲们的“人气”。人的精神世界有三大支柱：科学、艺术、人文。科学追求真，给人理性，使人理智；艺术追求美，给人感性，使人激情；人文追求美，给人悟性，使人虔诚，既包含有深刻的理性思考，又具有浓厚的情感魅力。一位收藏家说过：“这些旧藏品中最初吸引人的应当是物主的把攥、抚摸的痕迹，进而得到穿过尘灰、穿过光阴进入历史的感觉。”

清气·简洁美

简洁美是科学美和艺术美的基本特征。人生留白、书画留白，有舍才有得，简洁美透露出来的是艺术美的“清气”。八大山人作画很讲究“留白”，几笔就能把深邃的“意境”勾勒出来，而这种功夫是来自艺术家的深厚文化底蕴和精湛绝伦的“萧疏之笔”。一滴水能折射出太阳的光辉，一片飞落的黄叶告知秋天的到来。在空寂的意境中追求、品味简洁美传递的朴素精神，何尝不是一种享受。

悟气·残缺美

十全十美，只是一种虚幻的梦境，只有残缺才能显现出美的质朴。残缺美给人带来的是一种“悟气”。残缺也是一种美，春天因没有果实才有花的璀灿，夏天少了凉爽才有火一般的热情，秋天少了绿色才有红叶的灿烂，冬天少了生气才有雪的洁白，维纳斯因为断臂从而登上了艺术高峰。

和气·对称美

美和对称、均衡紧密相连，美的主要形式就是秩序、匀称和确定性，体现的是一种“和气”。自然界和人类社会都存在对称美，天地、山河，春秋、冬夏，东西、南北，上下、左右；内在与外在的统一构成了和谐体。

生气·生态美

生态美所体现的是人与自然的生命关联和生命共感。人与所有的生命浩然同流，并沉浸于自然之中欣然享受着生命创造的无穷喜乐之美，体现出艺术品的一种“生气”。生态美是一种形式，我们可以运用它，同时又是一种生命，我们可以感知它。自然天成为最美。如根雕和奇石等艺术藏品，取自然之形，溢自然之美，将一切人为艺术的再造痕迹藏于不露之中。“三分人工，七分天成”，巧妙利用其自然形态和神韵，在艺术形象中充分体现出美景。

文气·意境美

意境即通过有限的物象来实现无限的空间意象。“境生于象为”，使观赏者获得象外之象、景外之景，情由景生，启悟心灵，产生联想，从中体悟到悠远脱俗的意蕴，情感体验和理念得以升华，使“意境美”充满浓浓的“文气”。它是艺术品。意境美具有含蓄美或恍惚美。“道为之物，惟恍惟惚”，让人在若有若无、若虚若实的恍惚之中触景生情，由“象”到“精”，去悟“道”的最高境界，得到最高的精神享受。

仙气·飘逸美

飘逸是一种境界。风度飘逸，体态飘逸，让人或物都带有一股“仙气”，给人以清新雅致、恬淡自然的感受；给人以高雅、超脱尘世、无拘无束的美感。

书圣王羲之“飘若游云，矫若惊蛇”的书法让世人称奇，他善于从身边的事物中挖掘超脱尘世的精妙，融入其心，涵养出了一颗飘逸绝尘的心灵。而他飘逸的圣者风范更让世人倾慕不已。

吴得民
四川省古玩收藏协会副会长
四川省博物院专家咨询委员会委员
成都市九百村私立艺术博物馆馆长

第六章

陶瓷

Chapter Six · Ceramics

四川盆地古瓷窑分布图
The Distribution Map of Ancient Ceramics' Kilns in Sichuan Basin

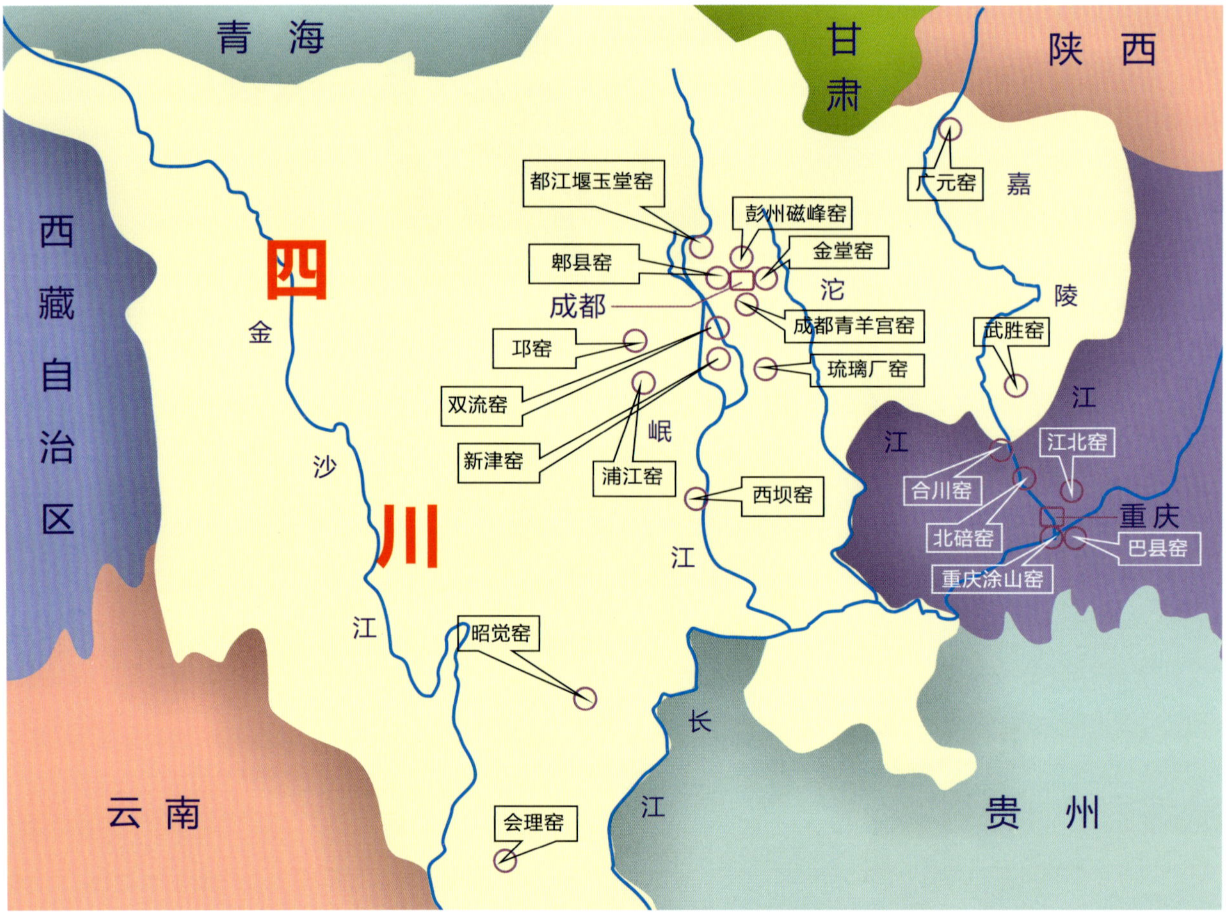

四川古陶瓷综述

Summary of Sichuan Ancient Ceramics

文/图 Text/Photo __ 李铁锤 Li Tiechui

四川盆地东部的大溪文化（公元前4400～前3300年）、成都周边的营盘山文化（公元前3500～前3000年）、宝墩文化（公元前2700～前1800年）以及雅安地区的新石器时期文化地层中，都出土了许多精美的陶器，新津县花源镇发掘出距今约有4 500年的陶窑遗址，三星堆、金沙遗址出土了上万件商周时期的精美陶器。这些都说明四川盆地数千年前制陶术的发达，是中华文明的发源地之一。

西汉时期，四川的打磨陶不但造型优美，而且加工精细，烧制温度高，有的还有彩绘。东汉时期由于"事死如事生"的厚葬之风盛行，四川陶器塑造艺术达到了前所未有的高度，给后世留下了许多非常优秀的作品，在全国独树一帜，其中"击鼓说唱俑"被定为国宝级文物。四川汉陶有着极为重要的文化、科技、社会历史的物证史料价值和极高的文化艺术价值。图1的陶马即是一例。四川汉代低温绿釉和黄釉陶器很多，有的还有不同颜色的釉彩装饰图案。特别值得一提的是，有些汉陶人、马、摇钱树座等上了绿釉或黄釉，十分精美。

瓷器是我国一项伟大的发明，浙江德清县发掘出了商代烧制原始青瓷的窑炉，

[汉] **陶马**
Pottery Horse from the Han Dynasty

[汉] **青羊宫窑青瓷罐**
Celadon Pot, Product of Qingyang Gong Kiln from the Han Dynasty

它距今已有3000多年了。四川盆地的青瓷，始烧于东汉,早年成都市内的青羊宫窑址，曾经发掘出过商周遗物、战国时期的窑炉、陶器，以及汉代至唐代的窑炉、陶器和青瓷。近些年来，绵阳市内及江油青莲、九岭一带的许多古瓷窑遗址出土了不少青瓷。都江堰横山子窑、邛崃固驿窑等也出土过隋代以前的青瓷。遂宁龙凤镇窑、乐山关庙窑及苏稽镇荻坪山窑、雅安芦山窑等，地表隋唐代标本甚多，也有可能在隋唐以前生产过青瓷。四川青瓷品种众多，从盘碗、坛罐，到虎子、鸡首壶，应有尽有，而且即使就全国而言，质量也是一流的。特别是烧制出了跟越窑同期水平相当的青瓷，见图2。图3的盘口壶跟越窑产品的品质已无差异。

四川青瓷窑场分布之广、生产时间之长、青瓷数量之多、青瓷品种之丰富、青瓷品质之优良，令世人惊叹。从三国蜀汉时期青瓷大普及，到南朝青瓷最为兴盛，走上生产乳浊釉和彩瓷的道路，四川盆地青瓷与东南沿海、长江中游一起，成为我国南方青瓷三大产区之一，并从创生走向了成熟，多个青瓷窑口各具特色地发展起来，为南朝川窑青瓷的辉煌奠定了基础，也为后来邛窑的绚烂多姿，做好了铺垫。

隋代以后，四川各地瓷窑如雨后春笋般地冒了出来。邛崃十方堂窑、成都琉璃厂窑、都江堰玉堂窑、乐山荻坪山窑、雅安芦山窑、遂宁龙凤镇窑以及始烧稍晚的

[南朝] 六系弦纹盘口壶
Bow String-patterned Pot with Dish-like Mouth and Six Loop Handles from the Southern Dynasty

[唐] 十方堂窑彩绘大盂
Colorfully Painted Big Jar, Product of Shifang Tang Kiln from the Tang Dynasty

彭州磁峰窑、都江堰金凤窑、广元磁窑铺窑、青神坛罐窑、乐山西坝窑等等都十分红火。

纵观四川陶瓷的发展体系，可归纳为：以青羊宫窑、青莲窑为代表的青瓷系；以十方堂窑为代表的邛窑系；以磁峰窑为代表的白瓷系；以广元窑、西坝窑为代表的黑釉瓷系。

川窑诸系有许多创造性，为我国陶瓷文化及陶瓷业的发展，做出了不可磨灭的贡献。除了已谈过的汉陶和青瓷外，首先要说一说邛窑系。邛窑早在南朝末期就创造性地运用了化妆土，创生了乳浊釉和褐、黑、绿、红等釉彩，隋代就烧制出了多色彩绘瓷。这是具有划时代意义的伟大创造。正如耿宝昌先生所说：“高低温釉下彩、三彩更是邛窑的代表作品，均较早烧制成功，其工艺传播于江南诸名窑，其中湖南长沙铜官窑受其影响最深，因之两窑产品颇为相似，成为姐妹艺术，堪与其周边各窑相媲美。”也有的长沙窑研究者认为长沙窑可能跟岳州窑关系更为密切。无论如何，以邛窑为开端的彩绘瓷，后来由长沙窑推向东亚、南亚和非洲，在世界上催生出一个崭新的彩瓷时代。图4是唐早期邛窑彩绘瓷之一例。邛窑除了创烧出彩绘瓷外，还有一项了不起的发明——与北方常见的低温唐三彩不同的高温唐三彩。邛窑高温唐三彩釉中不含铅，在1 100～1 200摄氏度烧成，入土千载，仍

⑤

［唐］**邛窑高温三彩器物**
High-temperature Three-colored Pottery Wares, Product of Qiong Kiln from the Tang Dynasty

⑥

［唐］**琉璃厂窑写意牡丹纹大盆**
Large Basin with Freehand Peony Pattern, Product of Liuli Chang Kiln from the Tang Dynasty

亮丽如新。图5是几件邛窑高温唐三彩器物，都是实用器。琉璃厂窑是邛窑系的重要成员，从图6的唐代琉璃厂窑写意牡丹纹大盆可以看出，这个直径49厘米的大家伙打破了“唐宋无大器”的传统看法，特别是它那潇洒飘逸的牡丹纹饰，很像现代齐白石大师的风格。的确，这种画法属于没骨大写意画法。这类画盆的出现，把我国没骨写意画的历史从明代提到了唐代。除了高温三彩、彩绘外，邛窑乳浊绿釉也是个重要创造。图7是出自邛窑姐妹窑玉堂窑的一对绿釉，釉色温蕴如玉。

宋代是我国陶瓷发展的黄金时期，此时除北宋柴、汝、官、哥、定五大瓷窑外，南宋的官窑、耀州窑、建窑、吉州窑、龙泉窑、钧窑、景德镇影青等大量精美作品亦纷纷登场，此时川窑也是精品辈出，一派繁荣景象。除了邛窑系续写彩绘、高温三彩、乳浊绿釉、刻划塑等优势作品外，白瓷系、黑釉瓷系各窑场陶瓷佳器也纷纷问世。图8的磁峰窑的尊式瓶白如霜雪，跟同期的定窑白瓷难以区分。广元窑黑釉兔毫盏堪称一流,见图9，完全可跟供御的建盏相媲美。宋代川窑黑釉瓷系中，最具特色的莫过于乐山西坝窑了。西坝窑的窑变釉、玳瑁、虎皮斑、龟背纹等，见图10，出类拔萃，被中国收藏家协会会长闫振堂先生称为“一朵古代艺术奇葩”。它的窑变釉，或似行云流水，动感非凡；或如高山云霞，浓重艳丽，令人耳

[五代至宋] **玉堂窑绿釉匜**
Green Glazed Bessel, Product of Yutang Kiln from the Five Dynasties to the Song Dynasty

[宋] **磁峰窑弦纹直颈尊式瓶**
Straight-necked Zun-type Vase with Bow String Pattern, Product of Cifeng Kiln from the Song Dynasty

目一新，为之一震！就这方面而言，目前我国已知各高古瓷窑中，西坝窑无论如何都可说是名列前茅的，西坝窑窑变釉的艳美水平，达到了一个独有的高度。除了五氧化二磷作乳浊剂外，氧化铁、铜、锌、锰，尤其是氧化铜，担当了西坝窑窑变的主要角色，这些元素的不同分布，是烧制者的有意为之，它是艺术与技术的结晶。宋代西坝窑的工匠们，已从釉料配方、施釉工艺和烧制过程等方面，熟练地掌握了窑变技术，这正是西坝窑能够登上宋代窑变釉瓷最高峰的原因。

元代以后，四川古陶瓷渐衰，唯有成都琉璃厂窑在明代为寺庙和官府烧造琉璃器，又风风火火了一朝。

今天，当我们面对祖先留给我们的这些流光异彩的古代陶瓷珍品之际，心潮怎能不澎湃？怎能不被我国古代人民的伟大智慧和创造力所激励？怎能不为中华文化的深厚和灿烂辉煌而骄傲？又怎能不让我们对中华民族的伟大复兴信心百倍！

李铁锤
古陶瓷鉴赏家
成都市收藏家协会顾问
四川省古陶瓷研究中心高级顾问

［宋］**广元窑兔毫盏**
Bowl with Hare’ s Fur, Product of Guangyuan Kiln from the Song Dynasty

［宋］**西坝窑玳瑁及窑变釉瓷**
Hawksbill and Flame-glazed Porcelain, Product of Xiba Kiln from the Song Dynasty

[汉] **青羊宫窑麻布纹双系罐** 高17.5cm
Jar with Linen Impressions and Two Loop Handles, Product of Qingyang Gong Kiln from the Han Dynasty
Size:Height 17.5cm

[汉] **青羊宫窑麻布纹四系罐** 高25cm
Jar with Linen Impressions and Four Loop Handles, Product of Qingyang Gong Kiln from the Han Dynasty
Size:Height 25cm

[汉] 四川青瓷麻布纹四系罐 高12.5cm
Sichuan Celadon Jar with Linen Impressions and Four Loop Handles from the Han Dynasty
Size:Height 12.5cm

[汉] 青羊宫窑麻布纹斑彩四系罐 高19cm
Jar in Painted Spots with Linen Impressions and Four Loop Handles, Product of Qingyang Gong Kiln from the Han Dynasty
Size:Height 19cm

[汉至三国] **青羊宫窑青瓷碗** 口径14cm
Celadon Bowl, Product of Qingyang Gong Kiln
from the Han Dynasty to the Three Kingdoms
Size:Caliber 14cm

[汉] **四川青瓷麻布纹带字罐标本**
A Specimen of Sichuan Celadon Jar with Linen Impressions
and Words Inscription from the Han Dynasty

[三国] **青羊宫窑釉下褐彩碗** 口径15cm
Under-glazed Brown Bowl, Product of Qingyang Gong Kiln from the Three Kingdoms
Size:Caliber 15cm

［三国］**四川青瓷小罐** 直径12.5cm
Small Sichuan Celadon Jar
from the Three Kingdoms
Size:Diameter 12.5cm

［三国］**四川青瓷香熏** 直径13cm
Sichuan Celadon Aromatic Censer from the Three Kingdoms
Size:Diameter 13cm

［晋］**四川青瓷盘口壶** 高18cm
Sichuan Celadon Pot with Dish-like Mouth from the Jin Dynasty
Size:Height 18cm

[晋] **四川青瓷鸡首壶** 高28cm
Sichuan Celadon Pot with Chicken-head Spout from the Jin Dynasty
Size:Height 28cm

[晋至南朝] **四川青瓷黑釉鸡首壶** 高33cm
Sichuan Black-glazed Celadon Pot with Chicken-head Spout from the Jin Dynasty to the Southern Dynasties
Size:Height 33cm

［晋］**绵阳窑唾壶** 高20cm
Spittoon of Mian Yang Kiln from the Jin Dynasty
Size:Height 20cm

［晋］**青羊宫窑虎子** 长23cm
Huzi, Product of Qingyang Gong Kiln
from the Jin Dynasty
Size: Length 23cm

［南朝］**四川青瓷茶托盏** 直径18cm
Sichuan Celadon Zhan with Saucer from the Southern Dynasties
Size:Diameter 18cm

[唐] 玉堂窑斑彩匜 长24cm 高13cm
A Ladle with Painted Spots, Product of Yu Tang Kiln from the Tang Dynasty
Size:Length 24cm Height 13cm

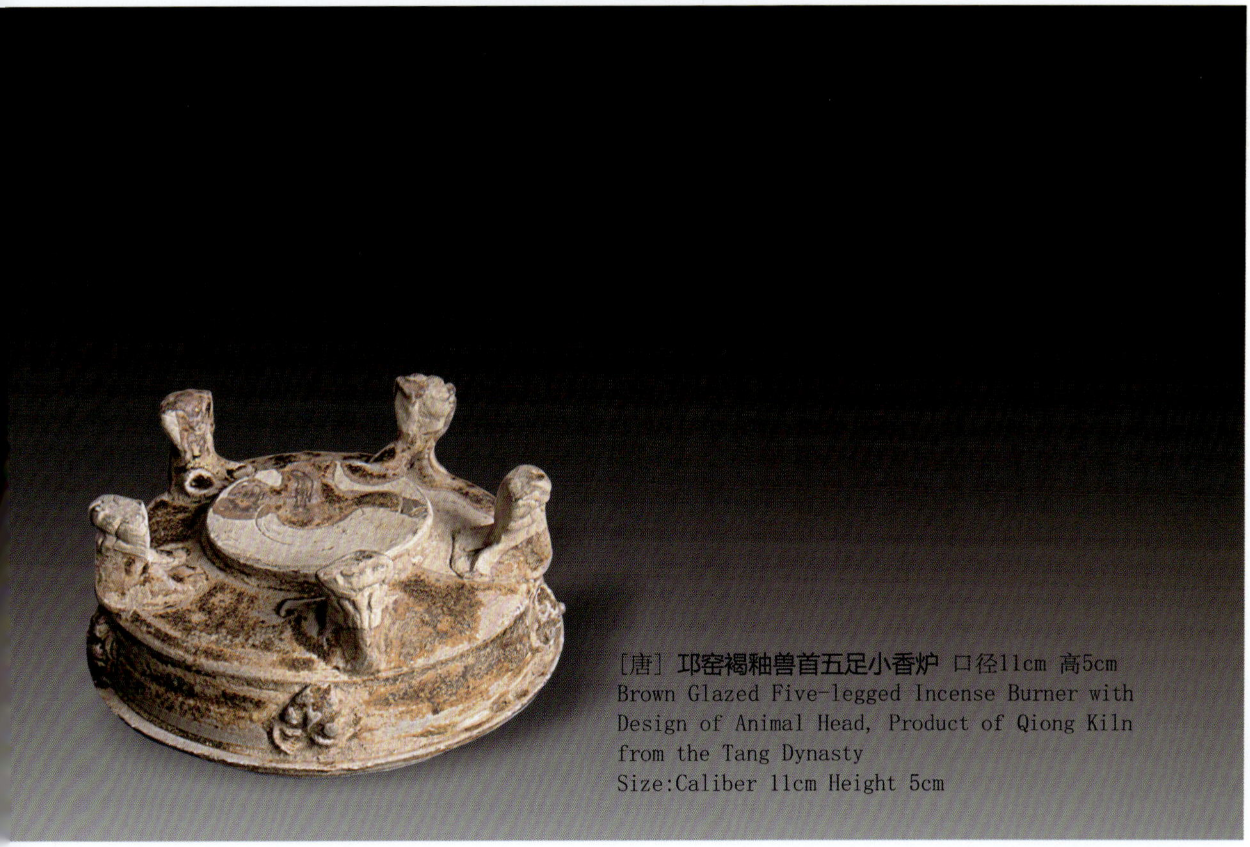

[唐] 邛窑褐釉兽首五足小香炉 口径11cm 高5cm
Brown Glazed Five-legged Incense Burner with Design of Animal Head, Product of Qiong Kiln from the Tang Dynasty
Size:Caliber 11cm Height 5cm

[唐] **琉璃厂窑写意牡丹纹大贯耳瓶** 高44cm
Vase with Two Tubular Loops and Freehand Peony Pattern,
Product of Liuli Chang Kiln from the Tang Dynasty
Size:Height 44cm

［唐］邛窑彩绘单耳杯 高7cm
Painted Single-handle Cup, Product of Qiong Kiln
from the Tang Dynasty
Size:Height 7cm

］邛窑彩绘高足杯 高9cm
nted High-stemmed Cup, Product
Qiong Kiln from the Tang Dynasty
e:Height 9cm

唐］邛窑彩绘钵 高19cm
ainted Earthen Bowl, Product of
iong Kiln from the Tang Dynasty
ize:Height 19cm

［隋末至唐］**邛窑彩绘四系盘口壶** 高25cm 口径12.5cm
Painted Pot with Dish-like Mouth and Four Loop Handles, Product of Qiong Kiln from the Late Sui Dynasty to the Early Tang Dynasty
Size:Height 25cm Caliber 9cm

［唐］**邛窑彩绘带盖大钵** 腹径26cm
Painted Large Lidded Earthen Bowl, Product of Qiong Kiln from the Tang Dynasty
Size:Abdominal diameter 26cm

［唐］**琉璃厂窑刻绘双鱼纹大盆** 口径48cm
Large Basin with Incised Double Fish Pattern, Product of Liuli Chang Kiln from the Tang Dynasty
Size:Caliber 48cm

［唐］**玉堂窑乳浊绿釉提梁壶** 高30cm
Opaque Green Glazed Pot with a Swing Handle,
Product of Yu Tang Kiln from the Tang Dynasty
Size:Height 30cm

［唐］**邛窑乳浊绿釉茶盏托** 高16cm
Opaque Green Glazed Tea Cup with Saucer,
Product of Qiong Kiln from the Tang Dynasty
Size:Height 16cm

［唐］**邛窑乳浊绿釉省油灯** 口径13cm
Opaque Green Glazed Oil Saving Lamp, Product of Qiong Kiln from the Tang Dynasty
Size:Caliber 13cm

［唐］**邛窑月白釉唾壶** 口径15cm
Moon White Glazed Spittoon, Product of Qiong Kiln from the Tang Dynasty
Size:Caliber 15cm

［唐］**邛窑铜红斑彩牧童骑牛** 高10cm
Pottery of a Bull-riding Boy with Copper-red Painted Spots,
Product of Qiong Kiln from the Tang Dynasty
Size:Height 10cm

[唐] 琉璃厂窑褐釉狮子一对 高12cm
A pair of Brown Glazed Lions, Product of Liuli Chang Kiln from the Tang Dynasty
Size:Height 12cm

［唐］**邛窑高温三彩执壶** 高21cm
High-temperature Three-colored Pot, Product of Qiong Kiln from the Tang Dynasty
Size:Height 21cm

［唐］**邛窑双耳短流褐釉无柄壶** 高18cm 口径10cm
Brown Glazed Short-flow Pot with Two Ears and No Handle, Product of Qiong Kiln from the Tang Dynasty
Size:Height 18cm Caliber 10cm

［唐］**邛窑黄褐釉双耳罐** 高18cm 口径11cm
Tawny Glazed Jar with Two Handles, Product of Qiong Kiln from the Tang Dynasty
Size:Height 18cm Caliber 11cm

[唐] 邛窑玻璃绿釉双飞天飞鸟纹盒 直径5cm
Green Glass Glazed Case with Double Asparas and Flying Birds Pattern, Product of Qiong Kiln from the Tang Dynasty
Size:Diameter 5cm

[唐] 邛窑高温三彩水盂 高8cm 口径6cm
High Temperature Three-colored Spittoon, Product of Qiong Kiln from the Tang Dynasty
Size:Height 8cm Caliber 6cm

［唐］**邛窑玻璃绿釉龙凤纹盒** 直径6cm 高2cm
Green Glass Glazed Case with Dragon and Phoenix Design, Product of Qiong Kiln from the Tang Dynasty
Size:Diameter 6cm Height 2cm

［唐］**邛窑高温三彩水注** 高18cm 腹径12cm
High Temperature Three-colored Water Dropper, Product of Qiong Kiln from the Tang Dynasty
Size:Height 18cm Abdominal diameter 12cm

［唐］**邛窑高温三彩花口皱壁洗** 高10cm 口径12cm
High Temperature Three-colored Washer with Floral Rim and Ruffled Interior Wall,
Product of Qiong Kiln from the Tang Dynasty
Size:Height 10cm Caliber 12cm

[唐] 邛窑高温三彩壶 高12cm
High Temperature Three-colored Pot, Product of Qiong Kiln from the Tang Dynasty
Size:Height 12cm

[唐] 邛窑高温三彩胡人骑狮 长6cm 高15cm
High Temperature Three-colored Pottery of Barbarian Riding a Lion,
Product of Qiong Kiln from the Tang Dynasty
Size:Length 6cm Height 15cm

唐] 邛窑高温三彩佛像 长6cm 高10cm
gh Temperature Three-colored Buddha, Products of Qiong Kiln from the Tang Dynasty
ze:Length 6cm Height 10cm

[唐] **邛窑高温三彩造型** 长5cm 高5cm
High Temperature Three-colored Items, Products of Qiong Kiln from the Tang Dynasty
Size:Length 5cm Height 5cm

［五代］**玉堂窑白釉褐彩双系罐** 腹径19cm
White Glazed Jar with Decoration in Brown and Two Loop Handles,
Product of Yu Tang Kiln from the Five Dynasties
Size:Abdominal diameter 19cm

［唐］**琉璃厂窑刻绘纹孔雀鸟食杯** 直径22.5cm
Bird-feeding Cup with Incised Peacock Design,
Product of Liuli Chang Kiln from the Tang Dynasty
Size:Diameter 22.5cm

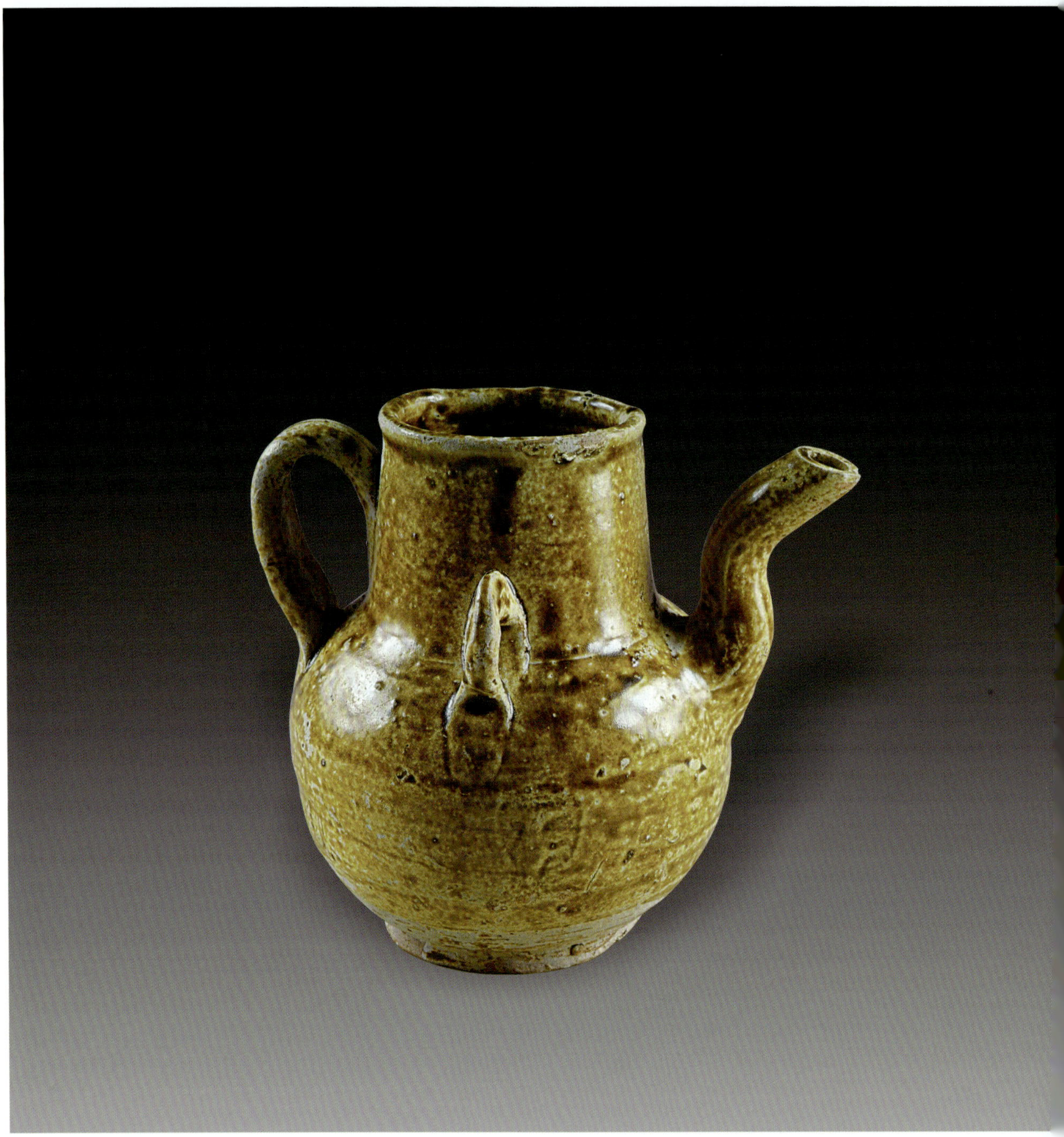

[宋] 玉堂窑黄釉双系执壶 高15cm
Yellow Glazed Pot with Two Loop Handles, Product of Yu Tang Kiln from the Song Dynasty
Size:Height 15cm

[宋] **琉璃厂窑刻绘纹执壶** 高24cm
Pot with Incised Pattern, Product of Liuli Chang Kiln from the Song Dynasty
Size:Height 24cm

［宋］**琉璃厂窑黄白釉刻绘凤纹执壶** 高19cm 口径7cm 腹径14cm
Yellowish White Glazed Pot with Incised Phoenix Pattern,
Product of Liuli Chang Kiln from the Song Dynasty
Size:Height 19cm Caliber 7cm Abdominal diameter 14cm

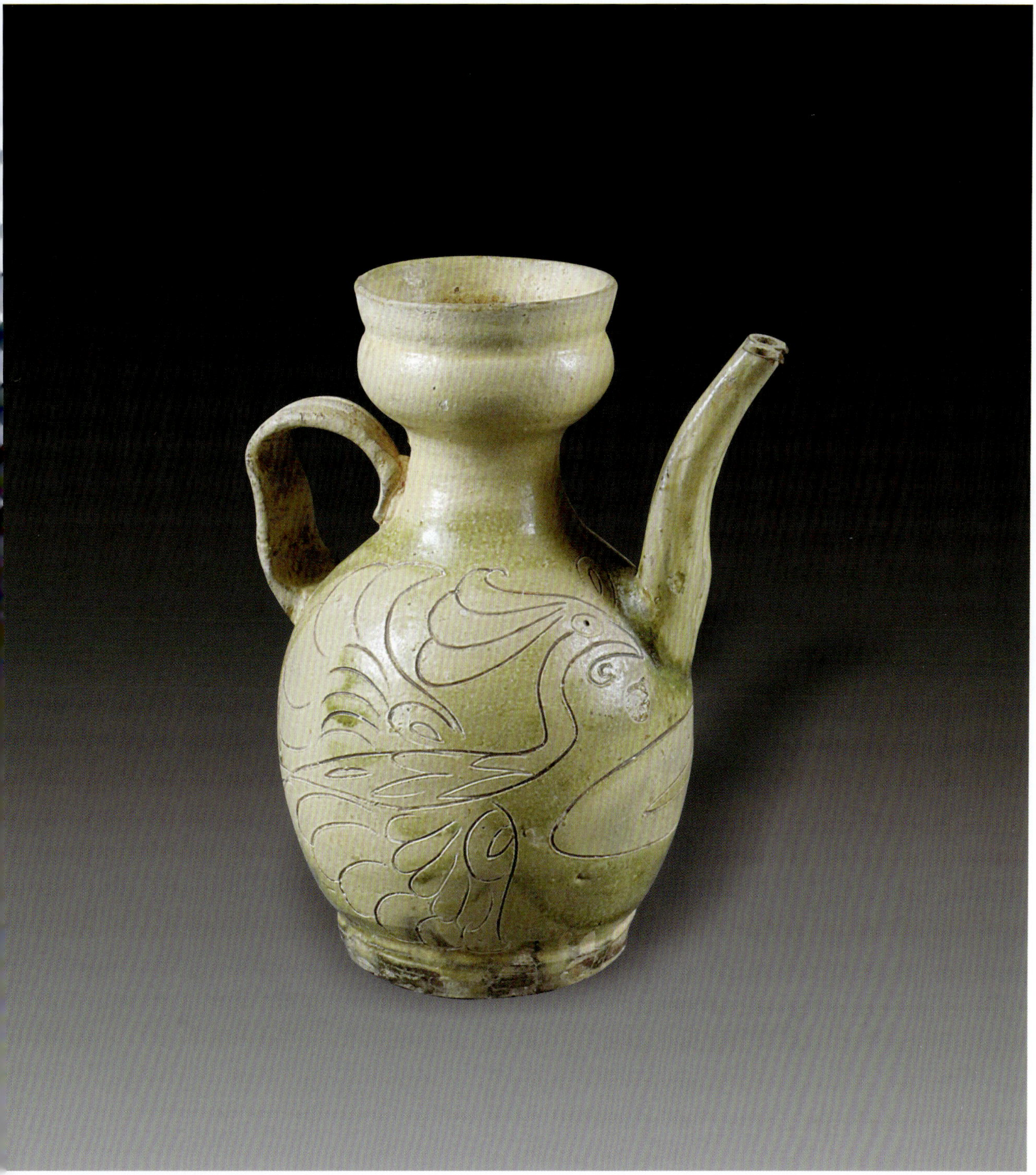

[五代] **琉璃厂窑刻绘凤纹执壶** 高20cm
Pot with Incised Phoenix, Product of Liuli Chang Kiln from the Five Dynasties
Size:Height 20cm

［宋］**磁峰窑白瓷刻花杯** 口径11.5cm
White Porcelain Cup with Incised Pattern, Product of Ci Feng Kiln from the Song Dynasty
Size:Caliber 11.5cm

［宋］**广元窑白釉褐彩执壶** 高18cm
White Glazed Pot with Decoration in Brown,
Product of Guang Yuan Kiln in the Song Dynasty
Size:Height 18cm

[宋] **琉璃厂窑沥彩条纹双耳瓶** 高17cm 口径3.5cm
Painted Striped Vase with Two Handles,
Product of Liuli Chang Kiln from the Song Dynasty
Size:Height 17cm Caliber 3.5cm

[宋] **广元窑白彩绿釉执壶** 高18cm
Green Glazed Pot with Decoration in White,
Product of Guang Yuan Kiln in the Song Dynasty
Size:Height 18cm

[宋] **广元窑双兽首衔环白彩绿釉瓶** 高24.5cm
Green Glazed Vase with Decoration in White and Two Rings with One in Each Animal' s Mouth, Product of Guang Yuan Kiln from the Song Dynasty
Size:Height 24.5cm

[宋] **三彩将军俑** 高55cm 直径14cm
Three-colored General Figurine from the Song Dynasty
Size:Height 55cm Diameter 14cm

宋] 遂宁窑三彩持物俑 高26cm
hree-colored Figurine Holding Object,
roduct of Sui Ning Kiln from the Song Dynasty
ize:Height 26cm

[宋] 三彩呐喊俑 高22cm
Three-colored Screaming Figurine
from the Song Dynasty
Size:Height 22cm

[宋] **龙泉窑方瓶** 高15cm
Square Vase, Product of Long Quan Kiln from the Southern Song Dynasty
Size:Height 15cm

[宋] **龙泉窑洗** 口径13cm
Washer, Product of Long Quan Kiln from the Southern Song Dynasty
Size:Caliber 13cm

[宋] **龙泉窑尊式瓶** 高15cm
Zun-style Vase, Product of Long Quan Kiln
from the Southern Song Dynasty
Size:Height 15cm

[宋] **龙泉窑青釉五管器** 高12.4cm 口径4.7cm
Green Glazed Item with Five Tubes for Holding Objects, Product of Long Quan Kiln from the Song Dynasty
Size:Height 12.4cm Caliber 4.7cm

[宋] **湖田窑刻花碗** 高6.2cm 口径20cm
Bowl with Incised Pattern, Product of Hu Tian Kiln from the Song Dynasty
Size:Height 6.2cm Caliber 20cm

[宋] **龙泉窑青釉鬲式炉** 高10.2cm 口径13.3cm
Green Glazed Censer, Product of Long Quan Kiln from the Song Dynasty
Size:Height 10.2cm Caliber 13.3cm

[宋] **景德镇影青雕塑纹水注** 高12.4cm
Ying Qing Water Dropper with Sculptured Pattern, Product of Jinde Zhen Kiln from the Southern Song Dynasty
Size:Height 12.4cm

[元] 景德镇枢府釉龙柄凤纹扁壶 高12cm
Shufu Glazed Flask with Dragon Shape Handle and Phoenix Pattern, Product of Jinde Zhen Kiln from the Yuan Dynasty
Size:Height 12cm

［元］景德镇枢府釉褐彩观音像 高17cm
Shufu Glazed Porcelain Goddess of Mercy (Avalokitesvara) in Brown Decoration, Product of Jinde Zhen Kiln from the Yuan Dynasty
Size:Height 17cm

[明] 景德镇官窑寿字花卉纹葫芦瓶 高38.5cm

Official Kiln Gourd-shaped Celadon Vase with Character "Shou" (Longevity) and Floral Pattern, Product of Jinde Zhen Kiln from the Ming Dynasty

Size:Height 38.5cm

［明］景德镇青花六棱罐 高16.5cm
Blue and White Hexagonal Jar, Product of Jinde Zhen Kiln from the Ming Dynasty
Size:Height 16.5cm

[清] **景德镇青花六方缠枝花盆** 高25cm 口径47cm
Hexagonal Blue and White Flower Pot with Interlocking Sprays,
Product of Jinde Zhen Kiln from the Qing Dynasty
Size:Height 25cm Caliber 47cm

［明］景德镇青花人物筒瓶 高43cm
Blue and White Elephant-leg Shaped Vase with Portraiture Design,
Product of Jinde Zhen Kiln from the Ming Dynasty
Size:Height 43cm

［清］景德镇青花提梁壶 高15cm
Blue and White Pot with Swing Handle,
Product of Jinde Zhen Kiln from the Qing Dynasty
Size:Height 15cm

［清］景德镇双兽首哥釉青花花鸟纹瓶 高16cm
Ge-glazed Blue and White Vase with Two Animal
Head Handles and Design of Flowers and Birds,
Product of Jinde Zhen Kiln from the Qing Dynasty
Size:Height 16cm

[清] **景德镇哥釉青花龙纹瓶** 高30cm
Yellow Glazed Mallet-shaped Vase with Dragon Design,
Product of Jinde Zhen Kiln from the Qing Dynasty
Size:Height 30cm

［民国］**景德镇粉彩无双谱人物盒** 腹径23.1cm
Porcelain with Pastel Decoration of Portraiture of Wushuang Pu,
Product of Jingde Zhen Kiln from the Republic of China
Size:Abdominal diameter 23.1cm

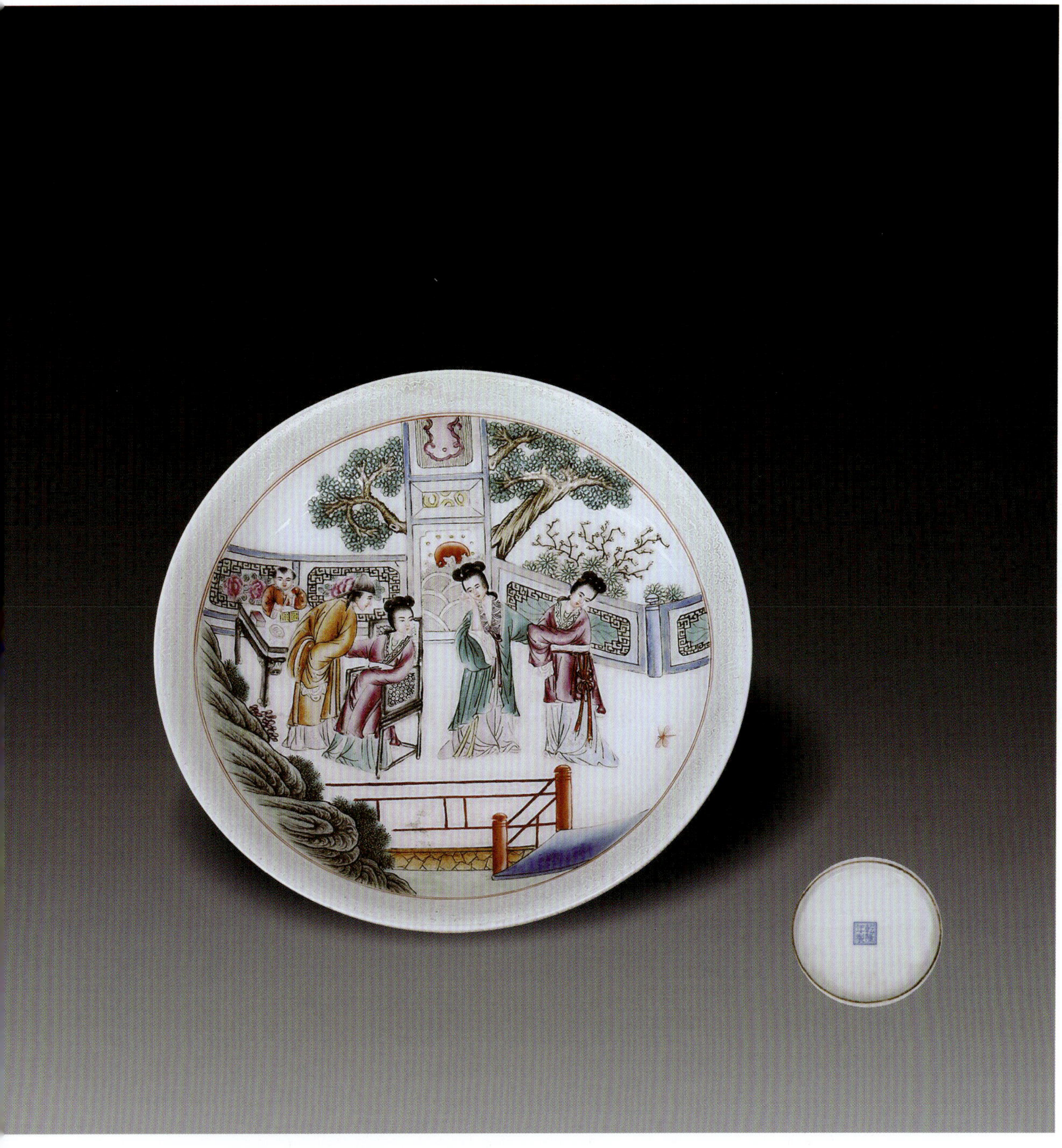

[清] **景德镇粉彩仕女纹盘** 直径20.5cm
Plate with Pastel Decoration of Ladies, Product of Jinde Zhen Kiln from the Qing Dynasty
Size:Diameter 20.5cm

［清］**德化窑白瓷人物** 高21cm
White Porcelain Figurine, Product of Dehua Kiln from the Qing Dynasty
Size:Height 21cm

［民国］**景德镇粉彩释迦牟尼像** 高35.6cm
Porcelain of Sakyamuni with Pastel Decoration,
Product of Jingde Zhen Kiln from the Republic of China
Size:Height 35.6cm

[清] **景德镇黄釉龙纹棒槌瓶** 高14cm
Yellow Glazed Mallet-shaped Vase with Dragon Design, Product of Jinde Zhen Kiln from the Qing Dynasty
Size:Height 14cm

［清］**景德镇哥釉金瓜耳盘口瓶** 高35cm
Ge-glazed Vase with Dish-like Mouth and Pumpkin-shaped Handles,
Product of Jinde Zhen Kiln from the Qing Dynasty
Size:Height 35cm

[清] **景德镇黑底粉彩九龙云纹缸** 高55cm 口径52.5cm
Jar with Pastel Decoration of Nine Dragons and Clouds over a Black Ground,
Product of Jinde Zhen Kiln from the Qing Dynasty
Size:Height 55cm Caliber 52.5cm

明] 青花龙纹扁执壶 高22.8cm
lue and White Flat Pot with Dragon Pattern from the Ming Dynasty
ize:Height 22.8cm

［明］**青花鸡心碗** 口径20.5cm
Blue and White Chicken-heart Shaped Bowl
from the Ming Dynasty
Size:Caliber 20.5cm

［民国］**景德镇珐琅彩小瓶** 高12cm 腹径7cm
Cloisonne Enamel Small Vase, Product of Jingde Zhen Kiln from the Republic of China
Size:Height 12cm Abdominal diameter 7cm

清] 白釉地绿龙戏珠盖罐 高21.2cm
hite Glazed Lidded Jar with Pattern of Green Dragon
laying with a Pearl from the Qing Dynasty
ize:Height 21.2cm

[明] 青花莲鹤纹素狮纽熏炉 高39.4cm
Blue and White Incense Burner with Lion-shaped Knob and Pattern of Lotus and Crane from the Ming Dynasty
Size:Height 39.4cm

[宋] **窑变釉花口瓶** 高24.5cm
Fambe glazed Vase with Floral Rim from the Song Dynasty
Size:Height 24.5cm

美轮美奂西坝窑

Beautiful xiba kiln

文 Text＿李洪涛 Li Hongtao

乐山，早在西周时期，就是开明部族的故都，到秦汉时又隶属于蜀郡，定名南安。西望峨眉，襟带岷江、青衣江与大渡河三水，自古就是蜀道和南方丝绸之路上的重要驿站。这里不仅人文荟萃，经济繁荣，而且地处水陆交通之要冲。西汉初年，南安人邓通获准在自己的家乡炼铜铸钱，于是邓通之钱半天下。两汉时期，乐山一带生活富庶，且制陶业十分繁荣。古时西坝称为“西榕三山”。《嘉定府志》记载：“西榕三山，曰底，曰中，曰巅，土细而白，居民作陶，咸取足焉。”现在这里依然是遍地窑包，陶瓷碎片层层叠叠嵌于数米厚的泥土之中。

西坝窑早在魏晋南北朝时期就已经开烧，附近的崖墓里存有大量本地烧制的陶俑，神情生动。到了晚唐，黑釉瓷开始流行，西坝窑也逐渐开始弃陶烧瓷。考古证明，西坝窑的烧瓷史兴于唐末五代，鼎盛于两宋时期，毁于宋元战争。面积达四十万平方米，是宋代西南地区最大的古窑群址，其窑变装饰之美，已成为我国窑变釉瓷发展的顶峰。

青衣江流域古称汉嘉，自古就以出产贡茶而闻名于世。西坝窑产生和发展的重要源泉主要来源于茶文化。苏东坡在《送张嘉州》一诗里写到：“生不愿封万户候，亦不愿识韩荆州。但愿身为汉嘉守，载酒时作凌云游。”范仲淹《斗茶歌》曰：“斗茶味兮轻醍醐，斗茶香兮薄芝兰，其间品第胡能欺，十目视而十手指。”西坝窑烧制的各类茶盏，犹如湛蓝色的天空阳光初泛，闪烁着令人眼乱心迷的金辉；犹如处子之眸深泓一潭，犹如微风过后之波细如烟，犹如星汉浩渺恍若夜风拂面，带着春江花月夜那空灵的神韵；犹如波诡云谲恍若洪荒之初，石破而天惊。

入窑一色，出窑万彩。西坝古瓷的艺术充分体现在釉彩的窑变上。最初，人们把烧制过程中意外出现的釉色变化视为不祥并随手而毁。后来却爱上了这种千变万化的色泽，开始用心钻研釉料配方，刻意去追求窑变的种种神奇效果，极尽鬼斧神工之魔力。窑变无双，或灿如云霞流彩，或缈若秋波不兴，或卧如磐石激浪，或立若绝壁挂冰，或动如群马奔腾，或静若雪山雾霁……独特中带着诡秘而崇高的神韵。纵观其形形色色的炉、瓶、盏、壶等，其造形之美不仅气韵生动意象浑成，而且亦真亦幻美妙绝伦。特别是兔毫盏釉汁垂流形成滴珠之状，色呈上浓下淡，底部露胎，自然而朴实，釉面华美恢宏而不失细腻，奔放而不失深沉，不逊于名冠一时的建窑。诗人陆游在《老学庵笔记》卷十里写到：“宋文安公集中，有省油灯盏诗。今汉嘉有之，盖夹灯盏也。一端作小窍，注清冰水于其中，每夕一易之。寻常盏为火所灼而燥，故速干。此独不然，其省油几半。邵公济牧汉嘉时，数以遣中朝士大夫。按文安亦尝为玉津令，则汉嘉出此物几三百年矣。”由此看来，西坝窑在北宋时期就已颇负盛名，不仅制作高质量的兔毫茶盏，而且还大量生产各类香道、花道、文房及生活用具，其中包括炉、瓶、壶、碗、盘、罐、灯等器物，均反映出西坝窑古朴厚重而又不失灵动的精美风格，在宋代瓷器中独树一帜。且乐山又地临彝区，从嘉州翻大小凉山到西昌后南下就可到云南，这是一条自古就有的南方丝绸之路。因此从西坝烧制出来的陶瓷产品，既可以顺江东出，又可以西进藏区、南下云南。其生命力之旺盛亦源于此。

大雅久不作，吾衰竟谁陈。静静掩埋在荒草之下的西坝古窑，虽昔日的唐风宋韵已渺不可寻，但毕竟燃烧了几百年。拂去岁月的尘土，一具具香炉、酒瓶或茶盏，仍然可见当年之神韵：或精巧、或拙朴、或不拘一格、或浑然天成。一千多年过去了，它们梦幻一般的色泽和默默无语的生命为什么总是让我们魂牵梦萦，不能释怀？那是因为在漫漫岁月里，一个个古窑艺人，把自己的生命拌进了泥土里，把自己的激情送进了烈焰中，让希望和梦想伴随着日起日落；他们的手传送着情，他们的爱淬过火，用古瓷这亘古不变的语言，表述出时光的深遂与生命一刹那的永恒和奇迹，真是令人泪洒衷肠。

五十年宋元之战，彻底摧毁了四川的经济文化生活。燃烧了数百年的西坝窑火，也带着古蜀文明的最后一缕余晖，渐渐沉寂下去。今天，我们从西坝的乡间残留着的这些古瓷片神秘的釉色里仍然能感受到那昔日的雍容和华贵。

李洪涛
乐山市著名收藏家
乐山西坝窑博物馆馆长
乐山市收藏鉴赏研究会副会长

[宋] **窑变釉首衔环双耳瓶** 高22.5cm
Fambe Glazed Vase with Rings in Two Handles from the Song Dynasty
Size:Height 22.5cm

[宋] 鹧鸪斑釉直颈瓶 高17cm
Partridge Spot Glazed Straight-necked Vase from the Song Dynasty
Size:Height 17cm

[宋] 窑变玳瑁釉花口瓶 高24cm
Hawksbill Fambe Glazed Vase with Floral Rim from the Song Dynasty
Size:Height 24cm

[宋] **黑釉凸线纹花口瓶** 高28cm 腹径11cm
Black Glazed Vase with Floral Rim and Convex Line Pattern from the Song Dynasty
Size:Height 28cm Abdominal diameter 11cm

[宋] **玳瑁釉双耳炉** 高14cm 口径13cm
Hawksbill Glazed Incense Burner with Two Handles from the Song Dynasty
Size:Height 14cm Caliber 13cm

[宋] **窑变釉兽耳衔环三足鼎式香炉** 高22cm 口径17.5cm
Fambe Glazed Tripod Incense Burner with Ring in Animal's Ear from the Song Dynasty
Size:Height 22cm Caliber 17.5cm

［宋］**窑变鹧鸪斑纹小盘** 口径16cm
Fambe Glazed Small Plate in Partridge Spot from the Song Dynasty
Size: Caliber 16cm

[宋] **窑变太阳纹茶盏** 口径11cm
Fambe Glazed Teacup with Sun Pattern
from the Song Dynasty
Size:Caliber 11cm

[宋] **鹧鸪斑釉茶盏** 口径11.5cm
Partridge Spot Glazed Teacup from the Song Dynasty
Size: Caliber 11.5cm

［宋］**紫金窑变釉漱口茶盏** 高6.5cm 口径11.5cm
Russet Fambe Glazed Gargle Teacup from the Song Dynasty
Size:Height 6.5cm Caliber 11.5cm

［宋］**蟒皮纹漱口茶盏** 高6.5cm 口径12cm
Gargle Teacup with Python Pattern
from the Song Dynasty
Size:Height 6.5cm Caliber 12cm

末］窑变钧釉杯 高6cm 口径8.5cm
ambe Glazed Jun Cup from the Song Dynasty
ze:Height 6cm Caliber 8.5cm

[宋] **窑变太阳纹盏** 高6.5cm 口径11cm
Fambe Glazed Cup with Sun pattern from the Song Dynasty
Size:Height 6.5cm Caliber 11cm

[宋] **窑变釉小水洗** 高5cm 腹径4.5cm
Fambe Glazed Water Dropper from the Song Dynasty
Size:Height 5cm Abdominal diameter 4.5cm

[宋] **南瓜砚滴** 高5cm 腹径6cm
Fambe Glazed Water Dropper in the Shape of Pumpkin from the Song Dynasty
Size:Height 5cm Abdominal diameter 6cm

[宋] **玳瑁斗笠盏** 高5cm 口径15cm
Hawksbill Bamboo-hat Shaped Cup from the Song Dynasty
Size:Height 5cm Caliber 15cm

[宋] **玳瑁斑纹三足双耳香炉** 高19cm 口径16cm
Hawksbill Streaked Tripod Incense Burner from the Song Dynasty
Size:Height 19cm Caliber 16cm

［宋］**玳瑁窑变古钱纹盘** 口径18cm
Hawksbill Fambe Glazed Plate with Pattern of Ancient Coins from the Song Dynasty
Size:Caliber 18cm

［宋］**瓜棱玳瑁盏** 高5cm 口径9cm
Hawksbill Cup with Melon Ridges from the Song Dynasty
Size:Height 5cm Caliber 9cm

[宋] **窑变兔毫盏** 高5.5cm 口径10cm
Fambe Glazed Cup with Hare' s Streak from the Song Dynasty
Size:Height 5.5cm Caliber 10cm

［宋］**窑变双耳壶** 高14cm
Fambe Glazed Pot with Two Handles from the Song Dynasty
Size:Height 14cm

[宋] **玳瑁盏** 高6cm 口径12cm
Hawksbill Cup from the Song Dynasty
Size:Height 6cm Caliber 12cm

[宋] 窑变釉宝顶执壶 高29.5cm
Fambe Glazed Baoding Pot from the Song Dynasty
Size:Height 29.5cm

［宋］**窑变釉月光蓝直腹钵** 高8cm 口径12.8cm
Fambe Glazed Moonlight Blue Straight-belly Earthen Bowl from the Song Dynasty
Size:Height 8cm Caliber 12.8cm

［宋］**窑变直腹碗** 高7cm 口径13cm
Fambe Glazed Straight-belly Bowl from the Song Dynasty
Size:Height 7cm Caliber 13cm

宋] 窑变壶 高15cm
'ambe Glazed Pot from the Song Dynasty
ize:Height 15cm

[宋] 黑釉罐 高17.5cm
Black Glazed Jar from the Song Dynasty
Size:Height 17.5cm

[宋] **玳瑁釉直颈瓶** 高13cm 直径5cm
Hawksbill Glazed Straight-necked Vase
from the Song Dynasty
Size:Height 13cm Diameter 5cm

[宋] **窑变紫金釉乳钉双流壶** 高15cm
Russet Glazed Double Spouts Pot with
Nipples Pattern from the Song Dynasty
Size:Height 15cm

[宋] 窑变玳瑁双耳罐 高12cm
Hawksbill and Fambe Glazed Jar with Two Handles from the Song Dynasty
Size:Height 12cm

[宋] 窑变釉盘 口径17cm
Fambe Glazed Plate from the Song Dynasty
Size:Caliber 17cm

[宋] 窑变釉五管灯 高13cm
Fambe Glazed Lamp with Five Tubes from the Song Dynasty
Size:Height 13cm

[宋] **窑变釉蓝色兔毫杯** 高6cm 口径8.5cm
Fambe Glazed Blue Cup with Hare' s Streak from the Song Dynasty
Size:Height 6cm Caliber 8.5cm

［宋］**窑变釉壶** 高11cm
Fambe Glazed pot from the Song Dynasty
Size:Height 11cm

鸣 谢

本书是由四川聚星文化公司、四川旅游学院、四川省古玩收藏协会、成都市收藏家协会共同编辑出版。衷心感谢中国收藏家协会、四川博物院、成都金沙遗址博物馆对本书的指导和帮助，同时也要感谢所有参与、支持本书出版的专家、学者、领导和编辑。希望读者能从本书中得到美的欣赏和新的思考，这是我们的一点初衷。

With Co editor and publishing *Sichuan Collection* by Sichuan Ju Xing Cultural Company, Sichuan Tourism College, Sichuan Antique Collectors Association and Chengdu Collectors Association, and also with its birth, I would express my heartfelt thanks to China Association of Collectors, Sichuan Museum, Jinsha Site Museum of Chengdu for the guidance and help and all those experts, scholars, leaders and editors involved for the support and contribution. We sincerely hope that readers can appreciate beauty of the art and draw some new inspirations of it, and that is also our honest expectation.